Civitas Berolinensis

Geschichtstouren zu den Anfängen der Haupstadt

VERGANGENHEITS
VERLAG

Steffi Kühnel

Civitas Berolinensis

Geschichtstouren zu den Anfängen der Hauptstadt

VERGANGENHEITS
VERLAG

Inhalt

Bibliografische Informationen der Deutschen Nationalbibliothek:
Die Deutsche Nationalbibliothek verzeichnet diese Publikation in
der Deutschen Nationalbibliografie; detaillierte bibliografische
Daten sind im Internet über http://dnb.d-nb.de abrufbar.

ISBN: 978-3-940621-14-6

Lektorat: Xaver Elavon
Grafisches Gesamtkonzept, Titelgestaltung, Satz und
Layout: Stefan Berndt – www.fototypo.de

© Copyright: Vergangenheitsverlag, Berlin/2010
www.vergangenheitsverlag.de

Von Mönchen, Fürsten, Rebellen und Heiligen

Eine Einladung ins mittelalterliche Berlin

Die Einwohner sind gut, aber sehr rau und ungelehrt,
Dem Essen und Trinken mehr ergeben als dem Studium guter
Schriften (…) – Sie neigen von Natur her zur Faulheit.[1]

Ihr Ruf eilt ihnen weit voraus: Dass die Berliner zuweilen recht eigen sein können, erlebt nicht nur der moderne Hauptstadttourist. Dieses Zitat stammt von Johannes Trithemius, einem Abt des Klosters Sponheim bei Kreuznach, der Berlin 1505 besuchte. Knapp 300 Jahre alt war die Stadt zu dem Zeitpunkt, als der Abt deren kauzige Einwohner kennen-

lernte. Aus zwei Siedlungen, Berlin und Cölln, setzte sich die Schwesternstadt damals zusammen. Doch wie alt ist unsere Hauptstadt überhaupt genau?

1987 feierte Berlin 750-jähriges Stadtjubiläum – ohne jedoch eine Stadtgründungsurkunde zu besitzen. Sollte es sie gegeben haben, fiel sie sicherlich einem der Stadtbrände oder Kriegsverwüstungen zum Opfer – im Laufe der Jahrhunderte gab es reichlich davon in Berlin. Doch wie kommt die Stadtverwaltung darauf, 1237 als Gründungsjahr zu feiern? Die älteste, überhaupt vorhandene Berliner Urkunde stammt aus diesem Jahr. Darin geht es um einen Streit der Markgrafen mit dem Bischof von Brandenburg um den so genannten Kirchenzehnt, eine Abgabe an die Kirche. Am 28. Oktober 1237 wurde dieses Dokument von Symeon, Pfarrer von Cölln, unterzeichnet. Er ist damit der erste Berliner, den wir namentlich kennen. Genau genommen bezeichnet diese erste Urkunde also nur ein Ereignis von vielen aus der Cöllner Stadtgeschichte. Die Schwesternstadt Berlin wird namentlich sogar erst 1244 genannt. Trotzdem: 1237 wurde Cölln zum ersten Mal in einer Urkunde erwähnt; das Jahr der Ersterwähnung Cöllns gilt daher allgemein als Gründungsjahr Berlins – schließlich braucht man zum Geburtstag feiern ein Geburtsjahr und die Hauptstadt eine ihr angemessene Tradition.

Gab es kein Mittelalter in Berlin?

So willkürlich das Gründungsjahr festgelegt ist, so schwierig ist auch eine Altersbestimmung der Gebäude, deren Überreste Sie auf den folgenden Touren besuchen werden. Kaum eine Jahreszahl kann im Mittelalter als gesichert gelten. Die für den Berliner Raum vergleichsweise spärliche Quellenlage macht es Historikern schwer, die mittelalterliche Geschichte Berlins genau zu rekonstruieren. Manchmal sind die Jahreszahlen deshalb nur Annäherungswerte. Ähnliches gilt für das Bildmaterial des Buches – nichts ist aus dem Berliner Mittelalter erhalten. Fast nichts: Der Totentanz in der Marienkirche von 1484 (vgl. S. 111) ist die älteste künstlerische Darstellung aus der Hauptstadt und damit schon am Ende des Mittelalters angesiedelt. Um diese spannende Epoche besser für Sie zu illustrieren, wurde in diesem Buch auf zahlreiche Stiche aus dem 17. und 18. Jahrhundert zurückgegriffen. Zeitgenössische Fotos unterstützen bei der Orientierung auf den Touren.

Das heutige Berlin hat – unabhängig von der Frage nach der genauen Datierbarkeit seiner Wurzeln – ein reiches und spannendes mittelalterliches Erbe. Dieses Erbe ist vielen heute gar nicht mehr bewusst, was Anlass für die Entstehung dieses Buches war.

Dieser Führer durch das mittelalterliche Berlin lädt Sie ein, ein noch weitgehend unbekanntes Stück Berliner Geschichte in drei Touren kennenzulernen: Die erste Route führt Sie zu Überresten der kleinen Inselsiedlung Cölln, die zweite Tour zu ihrer Schwesterstadt Berlin. Auch das mittelalterliche Spandau, Ziel der dritten Tour, soll in diesem Buch nicht zu kurz kommen. Unter der Rubrik ‚Orte außerhalb der Touren' finden Sie Informationen zu den mittelalterlichen Wurzeln Köpenicks und dem erlebnisorientierten Museumsdorf Düppel.

Jede Tour gliedert sich in mehrere Stationen – das sind bestimmte Plätze oder einzelne Gebäude, die aus ihrer mittelalterlichen Vergangenheit erzählen. Im zweiten Teil jeder Station wird ein Thema vertiefend behandelt. Neben Interviews mit Berliner Archäologen und Historikern lernen Sie so das mittelalterliche Hospitalwesen ebenso kennen wie das jüdische Leben oder einen typischen Markt – der mit unseren heutigen Mittelaltermärkten rein gar nichts gemein hat. Nützliche Informationen und weiterführende Adressen finden Sie in Infokästen. Sollten Sie auf einer der Touren Hunger bekommen, schauen Sie doch einfach in einen der Gastrotipps. Im Anhang runden mittelalterliche und gründerzeitliche Karten, eine Zeittafel und weiterführende Lesetipps dieses Buch ab.

Siegel der Stadt Berlin um 1280

Finstere Epoche oder märchenhafte Ritterzeit?

Die Ära des Mittelalters

König Artus, Siegfried aus der Nibelungensage oder Robin Hood – ihre Geschichten sind seit Jahrhunderten der Stoff aus dem unsere Träume sind. Aber auch weibliche Päpste, detektivische Mönche oder Kathedralbauer mit Visionen lösten in den letzten Jahren einen bisher ungekannten Boom des Mittelalters aus. Roman- und Drehbuchautoren greifen immer mehr auf die Zeit des Mittelalters zurück – oder besser, auf ihre Klischees: arme Ritter und einsame Prinzessinnen, grausame Herrscher und teuflische Hexen zeichnen das scheinbar allgemeingültige Bild einer Epoche, die ihrem Namen nach nicht mehr als einen Übergang zwischen einem ‚Davor' und ‚Danach' darzustellen scheint.

Als einer der ersten sprach der italienische Gelehrte Francesco Petraca (1304-1374) von einem *medium tem-*

In dieser Urkunde von 1237 wird Cölln erstmals erwähnt, Aufbewahrung des Originals im Domarchiv Brandenburg

pus, einem Mittelalter. Nicht ganz unabschätzig spielte er damit auf die Jahrhunderte an, die seit der Antike und wohlbekannten ‚Geistesgrößen‘ wie seinem Vorbild Marcus Tullius Cicero (106-43 v. Chr.) ins Land gegangen waren.[2] Künstler und Gelehrte der Renaissance idealisierten die hochentwickelten Kulturen der Antike, das Mittelalter verstanden sie tatsächlich als eine Epoche der Finsternis. Erst im 18. Jahrhundert, der Zeit der Romantik als Gegenbewegung zur aufkommenden Industrialisierung, änderte sich der Blick: Das Mittelalter stand nun für tiefe Naturverbundenheit und eine gewisse Mystik.[3]

Eine Frage der Zeit

Doch wann begann das Mittelalter und wann endete es? Wir bewegen uns im groben zeitlichen Rahmen von 500 bis 1500, jedoch sind diese Angaben eher schwammig. Weder begann das Mittelalter genau im Jahr 500, noch hörte es exakt 1.000 Jahre später wieder auf. Die Eroberung Konstaninopels durch die Osmanen im Jahr 1453, Christopher Kolumbus’ Entdeckung von Amerika 1492 oder Luthers Reformation 1517 – viele Ereignisse läuteten das Ende des Mittelalters ein. Ebenso führte die Renaissance im fortschrittlichen Italien bereits im 14. Jahrhundert zum Ende der ‚Übergangszeit‘ während es in manch einem abgelegen, rückständigen Dorf noch im 19. Jahrhundert sprichwörtlich wie im Mittelalter zuging.

Die Stadt schlüpft aus dem Ei

Vom 10. bis zum 14. Jahrhundert verdoppelte sich die Bevölkerung in Europa. Eine globale Erwärmung um etwa ein Grad bis zur Jahrtausendwende führte zu höheren Erträgen in der Landwirtschaft und damit zur Überschussproduktion und einem erhöhten Wirtschaftswachstum. Dieser Schub führte unter anderem zur Migration in dünn besiedelte slawische Gebiete, so auch dem Gebiet östlich der Elbe. Außerdem führte die Überbevölkerung zum Erblühen des Städtewesens – denn was uns heute selbstverständlich erscheint, etablierte sich in Europa erst im Laufe des Mittelalters: die Stadt als politisches, wirtschaftliches und kulturelles Zentrum.

Stürmische Zeiten –
Die Entstehung der Mark Brandenburg

Spandau, Köpenick, Cölln und Berlin – aus diesen Siedlungen und vielen kleinen Dörfern entwickelte sich unsere Hauptstadt. Doch bevor das Städtewesen im Berliner Raum entstehen konnte, musste zunächst einmal das Gebiet der Mark Brandenburg gesichert werden. In ihrer größten Ausdehnung erstreckte sie die Mark über weite Teile des heutigen Brandenburg – mit Ausnahme des südlichen Teils, der zu Sachsen gehörte. Außerdem gehörten Berlin, die Altmark und das östlich der Oder gelegene Neumark im heutigen Polen dazu. Eine Mark (lat. *margo*: Rand, Grenze) bezeichnet dabei die Grenzregion eines Landes, die oft in langen Kämpfen mühsam erobert wurde – so wie die Mark Brandenburg.

Rückblick ins Frühmittelalter

Nach der Zeit der Völkerwanderung im 4. Jahrhundert und der damit verbundenen Abwanderung der meisten Germanen aus dem Berliner Raum war das Gebiet lange Zeit nur sehr dünn besiedelt. Dies änderte sich spätestens im 7. Jahrhundert: Slawische Stämme aus dem Osten begannen, im Elberaum zu siedeln – östlich des Flusses, um Spree und Dahme in Köpenick, ließen sich die Sprewanen nieder. Westlich, im Havelgebiet, lebten die Heveller. Sie errichteten ihre Hauptburg, die Brennaburg, auf dem Gebiet der heutigen Stadt Brandenburg an der Havel.

Slawische Gebiete um 1150

Berliner Bär

Einige Jahrhunderte später, 1127, kam in Brandenburg der Hevellerfürst Pribislaw-Heinrich (um 1075-1150) an die Macht. Er stand in Verbindung zum deutschen Adel und war christianisiert. Daher nahm er den deutschen Namen Heinrich an. Der damalige Kaiser Lothar ernannte Pribislaw-Heinrich zum König. Das Heveller-Gebiet von Brandenburg bis Spandau war so vorübergehend an das Deutsche Reich gebunden. Auf der östlichen Seite der Spree, residierte Sprewanenfürst Jaxa von Köpenick. Er war möglicherweise mit Pribislaw-Heinrich verwandt und hatte demnach nach dem Tod des Hevellerfürsten eventuell Ansprüche auf Brandenburg.

Jemand machte Jaxa jedoch einen Strich durch die Rechnung: Der aus Aschersleben stammende Askanier Albrecht der Bär (um 1100-1170) hatte Pribislaw-Heinrich bereits das Versprechen abgerungen, als dessen Erbe und Nachfolger eingesetzt zu werden – 1150 begann damit die Herrschaft der Askanier im brandenburgischen Raum, die fast zwei Jahrhunderte anhalten sollte. Natürlich gefiel Jaxa von Köpenick die plötzliche Machtübernahme des Eindringlings überhaupt nicht. Mit Verrat, Bestechung und Gewalt gelang es ihm um 1157, die Burg Brandenburg zu besetzen und die Macht im Hevellerland an sich zu reißen. Doch er hatte seine Rechnung ohne den Siegeswillen Albrechts des Bären gemacht: Am 11. Juni 1157 eroberte er die Brandenburg in blutigen Kämpfen zurück. Er begründete damit endgültig die Landesherrschaft und trug fortan den Titel ,Markgraf von Brandenburg'.

Denkmal Albrechts des Bären auf der Zitadelle Spandau

Das Gebiet der Mark Brandenburg war recht dünn besiedelt – Albrecht war nun sehr daran gelegen, viele Siedler in sein Land zu holen. So konnte er höhere Steuern und Abgaben erheben. Zusammen mit seinen Grundherren lockte er Bauern aus dem Westen in die Mark: Sie kamen vor allem aus der Harzregion, dem Rheinland, Westfalen und sogar aus Flandern. Nach und nach bauten sie Dörfer auf – viele Berliner Stadtteile sind aus diesen Dörfern entstanden. Rund 200.000 Menschen dürften so zwischen 1134 und 1320 in das neue Siedlungsgebiet gekommen sein.[4] Mit den Slawen lebten die neuen Bewohner friedlich zusammen, denn genug Platz gab es für alle. Überreste einer unmittelbaren slawischen Vorsiedlung konnten bis jetzt in Berlin oder Cölln nicht gefunden werden. Man kann daher davon ausgehen, dass die beiden Orte aus ‚wilder Wurzel' von den angeworbenen Siedlern neu aufgebaut wurden.

Info: Die Askanier

Die Askanier sind ein ursprünglich alemannisch-fränkisches Fürstengeschlecht, das sich im 10. Jahrhundert im Harz niederließ. Der Name leitet sich von ihrem Fürstensitz Aschersleben (Ascharia) im heutigen Sachsen-Anhalt ab. Die Askanier teilten ihre Herrschaftsgebiete unter ihren Söhnen auf, was zur Zersplitterung in viele Linien führte. Die brandenburgische Linie starb schon 1320 aus. Bis heute überlebt hat die anhaltinische Linie. Deren berühmteste Vertreterin war die russische Zarin Katharina II. (1729-96), geborene Prinzessin Sophie Friederike von Anhalt-Zerbst.

Geschichtstour

1

Vom Spittelmarkt zum Schlossplatz: Das mittelalterliche Cölln

Um es gleich vorweg zu nehmen: Mittelalterliche Bauten sind auf dieser ersten Tour, im Gegensatz zu den anderen beiden Touren, nicht mehr präsent. Vielmehr ist das kleine Gebiet auf dem östlichen Teil der Fischerinsel im heutigen Bezirk Mitte geprägt durch vielbefahrene Straßen, Wohnblocks und graue Vorwendearchitektur.

Warum es sich dennoch lohnt, hier auf Erkundungstour zu gehen? Die Anfänge der Hauptstadt liegen genau hier verborgen – die Siedlung Cölln entwickelte sich ab Ende des 12. Jahrhunderts auf diesem östlichen Teil der Insel. Auf der anderen Seite, der heutigen Museumsinsel, gab es im Mittelalter nichts als Sumpflandschaft – Bauen konnte man hier nicht. Zusammen mit ihrer Schwesternstadt Berlin erwuchs aus den wenigen Gebäuden Cöllns im Laufe der Jahrhunderte die Millionenstadt Berlin. Begeben Sie sich auf eine Spurensuche und erleben Sie ein noch trostloses Viertel, in dem bald großräumig gebaut werden soll. Denn die Stadt hat den Wert der historischen Mitte erkannt: Ein Wohn- und Büroviertel soll in den nächsten Jahren um den Petriplatz entstehen. Die Geschichte des Ortes wird miteinbezogen und in einem archäologischen Museum gewürdigt.

Stadtansicht Berlin-Cöllns von Nordwesten, im Vordergrund Bauern bei der Heuernte, ca. 1700

Station 1
Spittelmarkt

Verkehrsanbindung: Haltestelle Spittelmarkt, U-Bahn U2, Haltestelle Fischerinsel, Bus 147, 248, 347, M48

Wenn wir am Spittelmarkt unsere erste Tour in Richtung Fischerinsel starten, befinden wir uns mitten im dichten Hauptstadtverkehr. Autokolonnen rasen vorbei, Straßenlärm macht es schwer, sich am Spittelmarkt zu unterhalten. Aufgrund seines autogerechten Ausbaus, nach den Zerstörungen des Zweiten Weltkriegs, ist der historische Spittelmarkt nur noch schwer als Platz auszumachen. Historisches, oder gar Mittelalterliches, gibt es hier nicht mehr zu sehen. Man muss sich seiner Vorstellungskraft behelfen.

Auch wenn es im ersten Augenblick schwer fallen mag, versuchen Sie, sich ins Mittelalter zurückzudenken: Dann befinden Sie sich an dieser Stelle schon nicht mehr innerhalb der Stadt. Die Siedlung Cölln liegt vielmehr direkt vor Ihnen, Sie befinden sich außerhalb der Stadtmauer kurz vor dem Teltower Tor. Fühlen Sie sich wie ein Handelsreisender, der mit seinen Waren auf der Straße von Teltow nach Cölln reisen möchte. Dann haben Sie soeben schon das erste mittelalterliche Gebäude auf dem Spittelmarkt passiert: Anfang des 15. Jahrhunderts wurde an diesem Platz ein Hospital für Alte und Kranke errichtet. Im Gegensatz zu den meisten anderen mittelalterlichen Bauten Berlins kennen wir hier das Gründungsdatum: 1405 begannen Bauarbeiter mit der Errichtung der Spittelkirche, einer kleinen, zum Hospital gehörenden Backsteinkapelle.[5] Das Gertraudenhospital war schon das dritte seiner Art in der mittelalterlichen Schwesternstadt Berlin-Cölln, nach dem Heilig-Geist- und dem Georgenhospital (siehe S. 103 und 114).

Der aus dem Volksmund entstandene Name Spittelmarkt leitet sich vom Gertraudenhospital ab: Spital wurde umgangssprachlich zu Spittel. Ursprünglich hieß das Areal ‚Am Gertraudenkirchof‘ oder ‚An der Getraudenbrücke‘. Mit der Entstehung des Hospitals wurde das Teltower Tor bald in Gertraudentor umbenannt.[6]

1872 ließ die Stadt die Spitalgebäude abreißen – die wachsende Metropole Berlin hatte die mittelalterlichen Strukturen längst gesprengt. Der wachsende Kutschenverkehr an der neuen Hauptverkehrsader Leipziger Straße erforderte Platz. So war auch die mit dem Hospital entstandene Spittelkirche im Weg. Einige Jahre später wurde sie ebenfalls abgerissen.

Die Gertrauden Kirche im J. 1690.

Vertiefung: Hospitalwesen in der mittelalterlichen Stadt

Viele Jahrhunderte vor Erfindungen wie Hartz IV oder Krankenversicherungen waren Hospitäler die ersten Institutionen der Sozialfürsorge: Sie dienten den Alten und Armen als Pflegestätten. Im Mittelalter war zunächst die Kirche Träger des Hospitalwesens und nahm sich der Kranken und Notleidenden an – aus christlich verordneter Nächstenliebe. Ab dem 12. Jahrhundert änderte sich das Spitalwesen durch die Entwicklung der Städte: Mittellose und notleidende Menschen zog es auf der Suche nach Arbeit in Scharen in die wachsenden Siedlungen. Mit der Einwohnerzahl wuchs auch das Bedürf-

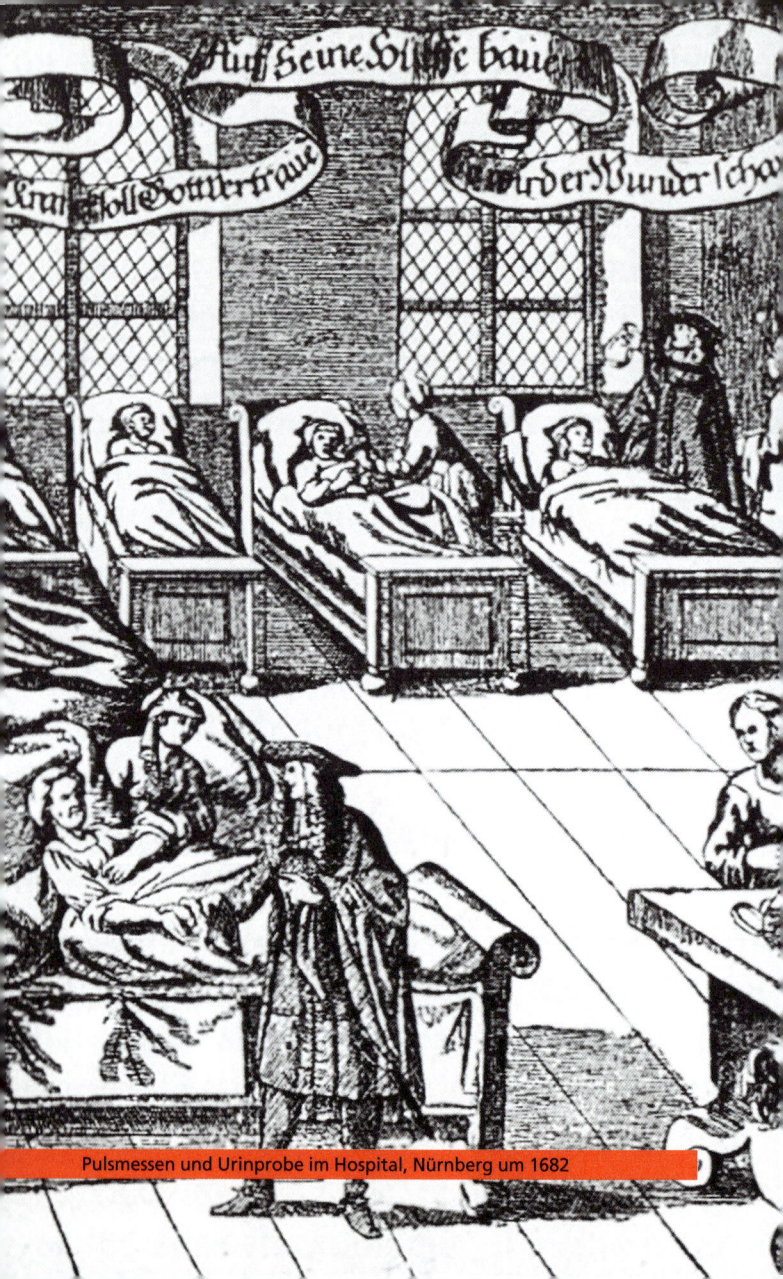

Pulsmessen und Urinprobe im Hospital, Nürnberg um 1682

nis nach Pflegestätten. Die kirchlichen Anstalten wurden den Anforderungen bald nicht mehr gerecht. Mit zunehmender Autonomie der Städte nahm ab dem 13. Jahrhundert das Bürgertum die Gründung von Hospitälern in die Hand, ein Zeichen entwickelten Gemeinwesens. Auf geistlichem Gebiet blieb der Einfluss der Kirche jedoch unbeschränkt bestehen. Die Stadt entzog ihr lediglich die Verwaltung.

Der Unterhalt solcher Hospitäler musste natürlich finanziert werden: Einkünfte dafür bekam der Berliner Rat zum Beispiel aus den Erträgen zinsfreier Ackerflächen. Aber auch Nachlässe von verstorbenen Insassen oder Stiftungen wurden den Hospitälern zuteil.[7] So schenkte beispielsweise der Ritter Burkhard Grevelhout dem Heilig-Geist-Hospital 1313 Land in Weißensee. In einer Urkunde vom Juni 1272, in der der Rat zu Berlin den Bäckern das Gilderecht verlieh – es ist übrigens der älteste bekannte Berliner Innungsbrief – werden die Bäcker unter anderem dazu aufgefordert, Brot in die Armenhöfe zu bringen. Die Berliner Tafel lässt grüßen. Die beste Einnahmequelle für die Hospitäler waren jedoch die ‚Einkaufsgelder' jener Bürger, die ihren Lebensabend in einem Hospital verbringen wollten.[8] Besonders bevorzugten sie in Berlin dabei das Heilig-Geist-Hospital. Im Gegensatz zum St.-Georgen-Hospital lag es innerhalb der schützenden Mauern. Das Gertraudenhospital kam erst gegen Ende des Mittelalters zur Siedlung Cölln hinzu.

Zu jedem Hospital gehörte ein ‚Grabhof' bzw. Friedhof, auf dem verstorbene Hospitalbewohner ihre letzte Ruhe fanden. Die Toten wurden in unmittelbarer Nähe der Hospitäler begraben, um so den Zusammenhalt der Lebenden, also der Hospitalinsassen, und der Toten zu symbolisieren. Das *Memento mori* (lat. gedenke zu sterben) war im Mittelalter nicht aus dem Bewusstsein der Menschen verdrängt. Sterben und Tod gehörten zum alltäglichen Leben, und waren – wie es heute häufig der Fall ist – keine Tabuthemen der mittelalterlichen Gesellschaft.

Der ursprüngliche Gedanke, dass die Hospitäler armen Fremden und Reisenden dienen sollten, trat im Laufe der Zeit in den Hintergrund. Die Pforten der Hospitäler öffneten sich oft nur noch Heimischen. Ebenso gab man auch den alten Grundsatz der Unentgeltlichkeit der Pflege auf – für den Lebensabend musste künftig gezahlt werden. Die Hospitäler wandelten sich so immer mehr zu Versorgungsanstalten alter und wohlhabender Berliner Bürger.[9] Dass es reiche Berliner mehr als genug gab, zeigt eine Quelle aus dem Jahr 1335: Die Berliner ‚Luxusordnung‘. Der ausschweifende Lebensstil des aufstrebenden Bürgertums hatte den Rat genötigt, Vorschriften gegen übermäßiges Zurschaustellen von Reichtum sowie eine allzu sündige Lebensweise zu erlassen:

„Wir Ratmannen, alte und neue von Berlin und von Cölln, bekennen öffentlich in diesem Briefe [...]: erstlich wollen wir, dass keine Frau noch Jungfrau an Mövenspangen oder Geschmeide mehr an sich tragen soll, als eine halbe Mark wiegen mag und von ihren Perlen sollen sie nicht mehr tragen, als die eine halbe Mark Wert sind. Ferner soll keine Frau noch Jungfrau goldgestreifte Stoffe tragen oder goldene Reiser. [...] Weiter wollen wir, dass keine Frau oder Jungfrau Zobel oder Borten auf ihren Kleidern oder Mänteln tragen soll.

Ferner wollen wir, dass ein jeglicher [...] zu ihren Hochzeiten nicht mehr von Bürgern an ihren Tisch setzen wollen, als zu vierzig Schüsseln und zehn Schüsseln für die Aufwärter und drei Schüsseln für die Spielleute. Der Spielleute soll man sechs nehmen und nicht mehr; und fünf Gerichte soll man zur

Ein fraw zu Berlin

‚Die elegante Berlinerin' um 1570 – einfach und züchtig, sie hat die
Luxusordnung erfolgreich umgesetzt

Hochzeit geben und zwei Leute zu jeder Schüssel setzen und nicht mehr. Ferner wollen wir, wenn die Jungfrau zum Manne gegeben wird oder eine Frau sich wiederverheiratet, was man dann ihnen gibt, das gönnen wir ihnen von Herzen und das sollen sie behalten und niemanden zurückgeben. Weiter, wenn eine Frau nach einem Kindbette zur Kirche geht, so soll ihr niemand Geschenke geben.

Ferner wollen wir, dass niemand nach dem letzten Geläute die Schenke besuchen oder Bier schenken soll; wo man das findet, da soll man den Wirt mit den Gästen pfänden. Nach dem letzten Läuten soll auch niemand auf der Straße tanzen, es sei Frau oder Mann. Ferner soll niemand um mehr kegeln oder würfeln als um fünf Schillinge. [...] Wer diese Bestimmungen verletzt, der soll den Ratmannen zehn Mark geben, und wer Fürbitte einlegt, soll ebenso viel geben.[10]

Auf dem Weg

Zur nächsten Station laufen Sie nördlich zum Fernsehturm hin einige Schritte in Richtung Spree zur Gertraudenbrücke.

Station 2
Gertraudenbrücke

Verkehrsanbindung: Haltestelle Spittelmarkt, U-Bahn U2, Bus M48, 347

Lassen Sie von der Gertraudenbrücke aus Ihren Blick einmal über die vor Ihnen liegende Spreeinsel schweifen – und stellen Sie sich vor, wie es hier einmal ausgesehen haben könnte; die Spree in ihrem natürlichen Lauf ohne Befestigungen oder Schleusen, kleine Hütten am Ufer, über allem thront der Kirchturm. Hinter Ihnen liegt nichts als eine holprige Straße und Feld.

Um in die Stadt zu gelangen, mussten Sie ein Tor passieren: das Teltower- oder Gertraudentor, das sich hier bis 1658 befand. Nachts wurde es zur Sicherheit vor Überfällen verschlossen – wer zu spät kam, musste bis zum nächsten Morgen auf Einlass in die Stadt warten. Die Wehranlage bestand aus einer dicken Mauer, die sich auf einem Inselstreifen in der Mitte

der Spree befand. Ein massives Torhaus und ein gro-
ßer Rundturm schützten vor unerwünschten Eindring-
lingen.[11] Eine Mauer, die womöglich Berlin und Cölln
trennte, gab es, trotz unabhängiger Entwicklung bei-
der Siedlungen, bis zum Zusammenschluss 1307 nicht
– die Spree fungierte als natürliche Grenze zwischen
den beiden Städten.

Vertiefung: Die heilige Gertrud

Auf der Gertraudenbrücke finden wir die Dame, deren
Namen so viele mittelalterliche Bauwerke rund um den
Spittelmarkt tragen: Die Statue der heiligen Gertrud. Zu
sehen ist eine Frau in mittelalterlicher Tracht, die einem
Pilger einen Trunk reicht. Eine kleine blankgeputzte Maus
sitzt zu ihren Füßen – aber zu ihr kommen wir später. Die
Frau ist Gertrud von Nivelles (gestorben 653 oder 659), Äbtissin des Klosters Nivelles in Belgien. Sie stammte aus so
genanntem gutem Hause, soll sogar eine Vorfahrin Karls
des Großen gewesen sein. Eine lukrative Ehe kam jedoch
nicht zu Stande, stattdessen trat sie mit 14 Jahren in die von
ihrer Mutter gegründete Abtei Nivelles ein, deren Äbtissin
(Vorsteherin) sie auch bis zu ihrem Tod war. Dort kümmerte sich Gertrud um Arme und Kranke, gründete außerdem
eine Herberge für Wanderer und Pilger und ließ ein Spital
für irische Wandermönche errichten. Sie starb mit nur 33
Jahren – wie Jesus. Gertrud hat die Bilderbuchkarriere einer
Heiligen vorzuweisen.
Aufgrund ihrer Herkunft erfuhr Gertrud auch eine gewisse
Ausbildung. Dies war im Mittelalter nicht selbstverständ-

Die Statue der Heiligen Gertrud auf der Gertraudenbrücke

lich: Den wenigsten Frauen wurde es ermöglicht, auch nur Lesen und Schreiben zu lernen. Tatsächlich war das Kloster für junge Mädchen oft die einzige Möglichkeit, überhaupt mit Bildung in Berührung zu kommen. In einer Ehe lagen ihre Pflichten ausschließlich in der Kinder- und Haushaltsversorgung. Lesen musste man dafür nicht können. In ihrem Kloster setzte sich Gertrud daher für eine Ausbildung der jungen Frauen ein.

Für ihr Engagement in der Armen- und Krankenpflege sprach die Kirche Gertrud heilig – viele Krankenhäuser wurden im Mittelalter nach ihr benannt. Überhaupt ist Gertrud eine äußerst vielseitige Heilige: Sie ist nicht nur Schutzpatronin der Kranken und Witwen, um die sie sich aufopfernd kümmerte, sondern auch der Reisenden und Pilger. Der Trunk, den sie dem Wanderburschen in unserer Berliner Statue reicht, bezieht sich auf die nach ihr benannte ‚Gertraudenminne‘: Reisende tranken ihn zum Abschied, um sich von der Heiligen Schutz auf ihrem Weg zu erbitten.

Doch was hat die Maus zu Füßen Gertruds zu suchen? Der Legende nach soll die Nonne allein durch ein Gebet eine verheerende Ratten- und Mäuseplage beendet und damit die Ernte der Bauern gerettet haben. Konsequenterweise ist sie damit auch Schutzpatronin gegen Ratten und Mäuse: Bei Plagen wurde sie angerufen, um den Betroffenen beizustehen. Ob es genützt hat, ist nicht überliefert – wenn Sie das nächste Mal auf den Küchentisch springen, weil Ihnen eine Maus über den Weg läuft, können Sie Gertrud ja mal zu Hilfe rufen.

Auf dem Weg

Das Juwel-Palais an der Gertraudenstraße, von der Brücke aus links gelegen, ist ein neugotischer Bau aus dem 19. Jahrhundert – und heute das einzige historische Gebäude am Spittelmarkt. Es wurde für den Kaufmann Wilhelm Müller errichtet, der hier einen Großhandel für Gold betrieb. Laufen Sie an dem Haus vorbei, um in die Scharrenstraße einzubiegen.

Die kleine Maus zu Füßen Gertruds ist blitzblank gerieben. Sie wird oft von Touristen gestreichelt – denn das bringt Glück!

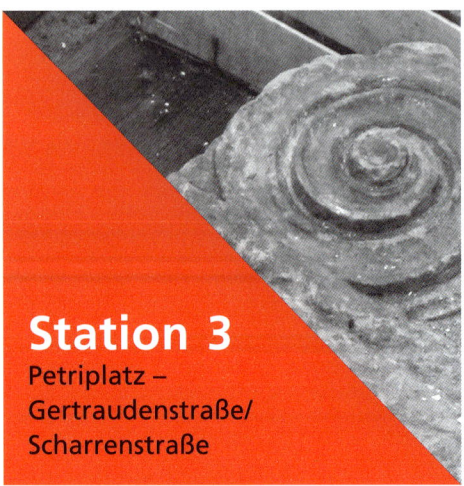

Station 3
Petriplatz –
Gertraudenstraße/
Scharrenstraße

Verkehrsanbindung: Haltestelle Spittelmarkt, U-Bahn U2, Bus M48, 347

Wer von der Gertraudenbrücke in die unscheinbare Parallelstraße der Gertraudenstraße, die Scharrenstraße, einbiegt, dem scheint es fast unglaublich, dass das Areal zwischen diesen beiden Straßen im Mittelalter das Zentrum der Fischerstadt Cölln bildete. Die Gertraudenstraße ist heute eine achtspurig ausgebaute, viel befahrene Straße zwischen Alexanderplatz und Potsdamer Platz. Hochhäuser säumen, wenn man vom Spittelmarkt kommt, auf der rechten Seite der Gertraudenstraße die historische Fischerinsel. Die Scharrenstraße, mit ihren grauen Plattenbauten, erweist sich als eher trostlos und wenig historisch anmutend.

So möchte man schon fast nach links in die Brüderstraße zur nächsten Station einbiegen, aber stopp! Es gibt hier noch was zu sehen: An der Ecke Brüderstraße/

Scharrenstraße befindet sich der Petriplatz. Hier betrieben vor allem Kleinhändler, zum Beispiel Fleischer, ihre Verkaufsstände – Scharren genannt.[12] Der Name der Scharrenstrasse geht darauf zurück und tatsächlich ist diese kleine Straße die einzige im Petriviertel, die ihre Lage seit dem Mittelalter nicht verändert hat.

Wo früher, ganz unspektakulär, ein Parkplatz und heute eine vermeintliche Baustelle ist, stand im Mittelalter die Petrikirche. Sie war lange Zeit das höchste Gebäude Berlins, ihr Turm grüßte die Besucher schon von Weitem. Zusammen mit dem Cöllner Rathaus, auf dem nahe gelegenen Fischmarkt, bildete die Kirche den Mittelpunkt der Stadt. Passend zur Haupterwerbsquelle der Cöllner, dem Fischfang, ist die Kirche Petrus gewidmet: Er gilt als der Heilige der Fischer, Schiffer und Brückenbauer. Die Petrikirche selbst wurde erst 1285 erwähnt, jedoch ergaben archäologische Untersuchungen des Gebietes, dass der Bau der Kirche um 1200 bis 1230 anzusiedeln ist.[13]

Im Laufe der Zeit erlebte die Kirche viele Umbauten und Erweiterungen. Schon im 17. Jahrhundert musste der Turm der Kirche abgerissen werden. Wahrscheinlich trug der Boden das Gewicht der Kirche nicht. Die darauf folgenden Neubauten standen allesamt unter keinem guten Stern: Im Mai 1730, wenige Tage vor der Fertigstellung, schlugen bei einem Unwetter mehrere Blitze in das Gotteshaus ein und richteten schweren Schaden an. 44 Häuser in der näheren Umgebung der Kirche fingen bei dem Unglück Feuer.[14] Die Kirche musste daraufhin praktisch neu aufgebaut werden. Der Turm stürzte wegen Baupfuschs schon bald wieder ein. Später, 1809, setzte ein Brand der Kirche noch einmal zu.

Lange blieb die Kirche eine Ruine, und nachdem sie von 1846 bis 1853 schließlich wieder aufgebaut werden konnte, zerstörten sie die Bomben in den letzten Tagen des Zweiten Weltkrieges 1945 endgültig. Die DDR-Regierung hatte kein Interesse an der Finanzierung eines Neubaus, außerdem stand die Kirche dem Ausbau des Straßennetzes im Weg. 1964 wurden die Überreste schließlich gesprengt. Ein Parkplatz entstand auf dem Gebiet des ehemaligen Kirchplatzes.[15]

Blick zum Petriplatz mit Petrikirche, ca. 1690

Vertiefung:
Die Ausgrabungen am Petriplatz

Dass um das Petriviertel die Ursprünge Berlins liegen, war Archäologen und Historikern lange bekannt. Doch welche Schätze Grabungen in diesem Gebiet zutage bringen würden, konnten sie nur erahnen: Bereits 1967 entdeckten Archäologen bei ersten Untersuchungen um die Petrikirche herum einen Friedhof und etwa 40 Gräber sowie zwei Vorgängerbauten der Kirche.[16]

2007 bis 2009 gruben Experten das Viertel im Auftrag des Landesdenkmalamtes großräumig um: Hauskeller, Kirchenfundamente der Petrikirche, die Überreste des Cöllnischen Rathauses sowie einer alten Lateinschule legten die Archäologen frei. Bis zu 3,5 Meter tief buddelten sie dafür auf dem Petriplatz.

2008 hatte die Berliner Tagespresse scheinbar ihre heißersehnte Sensation gefunden: Eine Holzbohle aus Eiche aus einem mittelalterlichen Erdkeller wurde im Labor auf 1192 datiert.[17] Da schon in den 1960er Jahren eine slawische Siedlung auf der Fischerinsel ausgeschlossen werden konnte, muss sie von den angeworbenen Siedlern stammen – und bewies für die Presse damit, dass Cölln über 40 Jahre älter ist als bisher angenommen. Außer Acht gelassen wurde dabei, dass 1237 nur das Datum der Ersterwähnung ist. Das heißt jedoch nicht, dass die Gründung in diesem Jahr stattfand, wie es oft fälschlicherweise angenommen wird. Offiziell lautet das Ergebnis der Probe 1212 +/- 10 Jahre, denn der letzte Jahresring fehlt – dendrochronologisch müsste dieser sogar bei 1192 liegen, sicher ist das jedoch nicht. Genaue Jahreszahlen sind den Archäologen auch nicht unbedingt wichtig, es geht mehr darum, den Entstehungsprozess näher einzugrenzen. Sicher kann man vom Ende des 12. Jahrhunderts bis Anfang des 13. Jahrhunderts als Siedlungsbeginn ausgehen.

Während der zwei Jahre andauernden Arbeiten fanden regelmäßig Führungen auf dem Gelände statt, das Denkmalamt veröffentlicht Stück für Stück die Ergebnisse der Grabungen. Im Museum für Vor- und Frühgeschichte können erste Exponate besichtigt werden.

Nun sind die Bauarbeiten um den Petriplatz hin zur Breiten Straße in vollem Gange. Das Viertel soll wieder eine attraktive Mitte, Wohnqualität zurückgebracht werden. ,Rückgewinnung des Stadtraums' heißt das Ziel des Berliner Bausenats.[18] Dafür soll, nach der Verkleinerung der Breiten Straße, der Petriplatz in den nächsten Jahren rekonstruiert werden. Büro- und Wohnhäuser werden saniert oder ersetzt. Die überraschenden und Aufsehen erregenden archäologischen Funde sollen in das Städtebaukonzept einbezogen werden: Dafür werden mittelalterliche Fundamente der Petrikirche, und die ebenfalls wiederentdeckte Lateinschule, überbaut und für Besucher zugänglich gemacht. Außerdem ist bis 2015 ein Museumsbau geplant, wo über die mittelalterliche Geschichte der Stadt berichtet wird.

Interview mit der leitenden Archäologin am Petriplatz: Claudia Melisch

Welchen Anlass gab es für die Grabungen am Petriplatz?
Das Areal um den Petriplatz ist schon lange als historische Mitte Berlins bekannt und soll in den nächsten Jahren als Wohn- und Büroviertel rekonstruiert werden. Solche Anlässe

Überreste von 3.000 Skeletten fanden die Archäologen von 2007 bis 2009 am Petriplatz

nutzen Archäologen immer gern, um vor den Bauarbeiten im Boden nach historischen Schätzen zu graben. In Berlin gibt es dafür auch allen Grund: Die mittelalterliche Quellenlage in der Hauptstadt ist im Vergleich zu anderen Städten schlecht, nicht mal eine Gründungsurkunde gibt es. Die Auswertung des Schriftguts gilt als erschöpft, nur Grabungen können nun noch zu weiteren Erkenntnissen führen.

Wie hat man sich eine solche Grabung im Allgemeinen vorzustellen?
Nachdem das Landesdenkmalamt den Auftrag zur Grabung erteilt hatte, nahmen Bagger zunächst die Betonplatten des Geländes ab. Der Petriplatz war ja seit 1967 ein Parkplatz, die Petrikirche stand hier mit Unterbrechungen bis 1965.

Anschließend wurde bis zu den im Boden befindlichen Rohrleitungen gegraben und diese zurückgemauert. Schon bei diesem ersten Einschnitt kamen Menschenknochen zum Vorschein. Es war uns bekannt, dass um die Petrikirche bis 1717 ein Friedhof bestanden hatte. Aber mit den Mengen, die da zum Vorschein kamen, hatten wir nicht gerechnet: ca. 3.000 Skelette haben wir gezählt und wahrscheinlich gibt es noch mehr: Die später errichtete Gertraudenstraße ragt weit in den mittelalterlichen Petriplatz hinein, unter ihr verbergen sich sicherlich noch weit mehr menschliche Überreste.

Haben Sie bereits Konkretes über die Toten herausfinden können?
Zunächst einmal befanden sich in einem Drittel der Gräber mehrere Personen, bis zu 12 Personen pro Grab konnten wir zählen. Außerdem wurden gar nicht alle Menschen in Särgen bestattet, sondern auch in so genannten Grabgruben, eingenäht in ein Leichentuch. Überdurchschnittlich viele Kinder befanden sich in den Gräbern – dies hängt sicherlich mit der hohen Kindersterblichkeit im Mittelalter zusammen und ist nichts Ungewöhnliches. Eine Anthropologin untersucht nun die Überreste zunächst nach Sterbealter, Körpergröße und Geschlecht. Außerdem kann man feststellen, ob die Knochen Veränderungen aufweisen, also sich jemand zum Beispiel mal einen Arm gebrochen hat und ob dieser Arm medizinisch behandelt wurde. Wir hoffen, in den nächsten Jahren auch herausfinden zu können, aus welchen Teilen des Landes die ersten Cöllner Siedler herkamen.

Hatten die Toten Beigaben in ihren Gräbern?
Erst in neuzeitlichen Gräbern, ab ca. 1500, wurden den Verstorbenen bestimmte Objekte beigegeben – Totenkronen zum

Beispiel. Unverheiratete Männer, Frauen und Kinder trugen diese Kränze, um ihnen die entgangene Hochzeit symbolisch zu ermöglichen. Mädchen wurden dann als Himmelsbräute bezeichnet. Im Mittelalter waren Beigaben nur selten der Fall, manchmal wurden Münzen in den Mund gelegt oder Amulette. Das heißt aber nicht, dass wir keine Objekte bei unseren Grabungen gefunden hätten. Im Gegenteil: 220.000 Objekte wurden im Laufe der Zeit freigelegt: Geschirr, Vasen, Spielzeug, bis zum Fingerring und zur Gewehrkugel der Neuzeit. Diese Objekte geben uns wichtige Einblicke in die Kultur des Mittelalters und auch der darauf folgenden Jahrhunderte.

Was passiert nun mit den Skeletten sowie den Objekten?
Nach den pathologischen Untersuchungen sollen die Toten an den Petriplatz zurückgebracht werden. Im Zuge der neuen Platzgestaltung sollen sie in einem Beinhaus eine würdige Ruhestätte bekommen – was bei 3.000 Menschen eine Menge Platz brauchen wird. Auch die Fundamente der Petrikirche und der Cöllnischen Lateinschule, die wir im Zuge der Grabungen wiederentdeckt haben, sollen für Besucher erlebbar gemacht werden. Das im Moment überdachte Areal auf dem Petriplatz wird also nicht zugeschüttet und überbaut, sondern in ein historisches Besucherzentrum integriert. Die Bauarbeiten sollen bis ca. 2015 abgeschlossen sein. Bis dahin werden viele Objekte vorerst im Neuen Museum zu sehen sein.

Was ist für Sie das Besondere am Petriplatz?
Plätze wie dieser sind für die Archäologie eine unglaublich kostbare Ressource. Viele denken, wenn man irgendwo in Berlin nur 1,50 Meter tief gräbt, stößt man sofort auf mittelalterliche Überreste, doch so ist es eben nicht.

Dadurch, dass der Petriplatz 800 Jahre Kirchenstandort war, wurde in der näheren Umgebung nicht gebaut. Auch an der Stelle der Lateinschule ist später nicht mehr gebaut worden. Stattdessen hat der Parkplatz die Fundamente bewahrt. Auch die vielen Skelette wären sonst lange nicht so gut erhalten geblieben. Zu guter Letzt sind nach einem Brand 1730, bei dem die Schule und die Kirche zerstört wurden, die Gruben zur Neubebauung mit Müll aufgefüllt worden. Daher haben wir so viele Objekte finden können. Plätze wie dieser verdienen im Bewusstsein der Stadt eine ganz besondere Beachtung. Zwar stehen sie unter Denkmalschutz, da die Fundamente aber orderirdisch nicht präsent waren, sind sie teilweise in Vergessenheit geraten. Das hat sich mit den Grabungen geändert.

Auf dem Weg

Von der Gertrauden- bzw. Scharrenstraße, wenden wir uns nach links auf die Brüderstraße und folgen ihr bis zum Ende. Auf der Straße befindet sich neben der sächsischen Landesvertretung auch das Gebäude des ehemaligen Kaufhauses Rudolph Hertzog (Brüderstraße 26). Das 1909

Info: Petriplatz

Museum für Vor- und Frühgeschichte im Neuen Museum, Genthiner Straße 38, 10785 Berlin. Tel. 030-266 42 42 42, Öffnungszeiten: So-Mi 10-18 Uhr, Do-Sa 10-20 Uhr, www.neues-museum.de.

Zur Entwicklung des Petriviertels: www.stadtenwicklung.berlin.de/denkmal/landesdenkmalamt

errichtete Gebäude ist der erhaltene Rest des zeitweise größten Kaufhauses Europas, das 1839 mit einem kleinen Geschäft in der Breiten Straße seinen Anfang nahm. 1912 nahm es fast das ganze Areal Breite Straße, Brüderstraße, Scharrenstrasse, Neumannsgasse ein.[19]

In der Brüderstraße 13 steht das Nicolaihaus, benannt nach dem Verlagsbuchhändler, Schriftsteller und Philosophen Friedrich Nicolai. Es wurde 1670 erbaut und zählt damit zu den ältesten Wohnhäusern Berlins. Der Innenhof des Hauses, der durch einen Durchgang von der Brüderstraße aus zu erreichen ist, ist einer der wenigen erhaltenen barocken Innenhöfe der Stadt.[20]

Station 4
Brüderstraße

Verkehrsanbindung: Haltestelle Spittelmarkt, U-Bahn U2, Haltestelle Fischerinsel Bus M48, 147, 248, 347

Brüderstraße? Auch dieser Straßenname gibt zuerst einmal Rätsel auf: Welche Brüder? Denken Sie auf der Suche nach Antworten nicht an leibliche Brüder, sondern an die im Geiste – Mönche gründeten an dieser Stelle gegen Ende des 13. Jahrhunderts ein Dominikanerkloster, ungefähr an der Stelle des Staatsratsgebäudes. Die Mönche einer Ordensgemeinschaft bezeichnet man als Brüder – daher der Name der Straße.

Zwei Urkunden aus dem Jahr 1300 belegen die Existenz des Klosters. Ein gewisser Wilhelmus wird hier als Prior (Vorsteher) des Predigerklosters von Cölln genannt.[21] Folglich muss die Klosteranlage vor 1300 errichtet worden sein – 1297 gilt als das Gründungsdatum.[22] Die zugehörige Klosterkirche wurde im frühgotischen Stil aus Backsteinen errichtet.

Nördlich schlossen sich weitere Gebäude an: Schlafsaal, Bibliothek, Kapitel-(Versammlungs-)saal und Küche. Anwohner nannten das Cöllner Kloster auch ‚schwarzes‘ Kloster, aufgrund der dunklen Tracht der Dominikaner und zur Unterscheidung von den (grauen) Franziskanern.

Einen nennenswerten Platz innerhalb der dominikanischen Klostergemeinschaft nahm das Kloster, das der Provinz Saxonia zugeordnet wurde, lange Zeit nicht ein. Nur einmal, 1364, tagte hier eine große Versammlung der Klostervorsteher, das so genannte Provinzialkapitel. Das Blatt wendete sich Mitte des 15. Jahrhunderts, als Kurfüst Friedrich II. beschloss, ein Schloss in Cölln zu bauen – es grenzte unmittelbar an das Dominikanerkloster an. Ein beständiges Zusammenwirken mit Landes- und Stadtherren brachte den Dominikanern ihr Vertrauen ein – die Markgrafen deponierten zum Beispiel wichtige Papiere bei den Mönchen. Das Kloster, nun finanziell zunehmend besser ausgestattet, entwickelte sich auch zum Studienort.[23]

Einige Jahre nach Beginn der Reformation, 1536 unter Kurfürst Joachim II., wurde das Kloster aufgelöst – die Klosterkirche sollte für das neue Domstift verwendet werden. Dafür mussten die Dominikaner in das Kloster Neustadt in Brandenburg umziehen. Die verwaiste Klosterkirche erhielt als neues Domstift dann eine reiche Ausstattung: mit Werken von Lucas Cranach, Reliquien und wertvollen Wandteppichen. Der Hohenzoller Joachim II. verlegte sogar die Gebeine seiner Vorfahren in die neue Domkirche. Auch er soll dort bestattet sein, die Grabstätte fand man jedoch nie. 1747 wurde die Domkirche abgetragen. Friedrich II. (der Große) errichtete einige hundert Meter weiter einen neuen Dom, den Vorläufer des heutigen Berliner Doms am Lustgarten.

Die bis 1747 existierende königliche Schloss- und Domkirche entstand aus der mittelalterlichen Klosterkirche der Dominikaner, Kupferstich um 1735

Vertiefung: Die Bettelorden

Der Orden der Dominikaner zählt, ebenso wie die in Berlin ansässigen Franziskaner, zu den so genannten Bettelorden. Doch ihre Aufgabe bestand nicht (nur) darin, am Wegesrand um Almosen zu bitten. Die Entwicklung der Bettelorden ab dem 12. Jahrhundert ist als eine Reformbewegung und als Reaktion auf die reichen, mächtigen Klöster der traditionellen Benediktiner zu sehen, deren Glaubenseifer im Laufe der Zeit der Bequemlichkeit und Gier gewichen war. Außerdem entwickelte sich im Hochmittelalter zunehmend das Städtewesen – und damit eine neue Gesellschaftsschicht: das Bürgertum. Doch nicht nur Wohlstand wartete auf Zugezogene in der Stadt, auch neue ‚soziale Brennpunkte' bildeten sich. Während Mönche traditioneller Orden, wie die Benediktiner, ihr Leben oft weitab von größeren Siedlungen asketisch hinter Klostermauern verbrachten, entwickelte sich für die Bewohner der Städte eine neue Ordensform: die Bettelorden. Zu ihnen gehören vor allem die Dominikaner und Franziskaner. Beide waren im brandenburgischen Raum vertreten – die Dominikaner ließen sich in Cölln nieder, die Franziskaner in der Klosterstraße auf der anderen Spreeseite.

Beide Orden predigten die radikale Armut in der Nachfolge Christi. Franz von Assisi, Gründervater der Franziskaner, wandte sich dafür von seiner wohlhabenden Familie ab und zog sich mit einer Gruppe Gleichgesinnter zunächst in die Einsamkeit der Wälder zurück, um sein Leben fortan Gott zu widmen. 1209 ließ er seine Gemeinschaft offiziell vom Papst in Rom bestätigen.

Der Dominikanerorden wurde von Dominikus (um 1170–1221), einem Spanier, um 1215 gegründet. Dieser Verbund wird auch Predigerorden genannt (*Ordo fratrum predicatorum*), denn seine Anhänger zogen im Mittelalter durch die Lande, um Gottes

Ascoli, Italien: Altarbild des hl. Dominikus, 1476

Die Stigmatisation des hl. Franziskus, Holzstich um 1400

Wort zu verbreiten. In die abgelegensten Winkel schickte Dominikus seiner Brüder: Die Mönche predigten von Grönland bis in die Mongolei.[24] Auch die Bildung lag dem Ordensvater sehr am Herzen: Dominikaner lernten und lehrten bald an den berühmtesten Universitäten des Mittelalters – Bologna und Paris. Die Bettelorden brachten sich ins Leben ein. Weltabgewandtheit erschien ihnen nicht mehr zeitgemäß. So errichteten sie ihre Häuser mitten in Städten, oft in wenig attraktiven Gegenden, um die dortigen ‚Sünder' auf den rechten Weg zu bringen. Die Franziskaner verlegten ihr Wirken auf die karitative Seelsorge in den Städten, bei den Dominikanern stand die Bekehrungsarbeit im Vordergrund. 1231 beauftragte sie Papst Gregor IX. daher mit der Inquisition, dem Verfolgen von Ketzern. Damit wurden sie zu Protagonisten in einem der blutigsten Kapitel der europäischen Geschichte.

Auf dem Weg

Sie biegen von der Brüderstraße nach rechts in die Neumannsgasse, anschließend nach links in die Breite Straße ein. Im Mittelalter Große Straße genannt, bildete sie zu dieser Zeit und darüber hinaus als vornehme Flaniermeile den Gegensatz zu den eng bebauten Cöllner Gassen. Das Ribbeckhaus (Breite Straße 35) ist das einzig erhaltene Gebäude Berlins aus der Spätrenaissance (1624). Direkt daneben liegt der Alte Marstall, das einzig erhaltene frühbarocke Gebäude (um 1665). Weiterhin hat die Zentral- und Landesbibliothek Berlins hier ihren Sitz. Von der Breiten Straße gelangen Sie auf das Areal des Schlossplatzes.

Station 5
Schlossplatz

Verkehrsanbindung: Haltestelle Lustgarten, Bus 100, 200

Dort, wo heute eine grüne Wiese die angestrengten Berlinbesucher zur Pause einlädt und bald eine umstrittene, riesige Baustelle das touristische Auge beeinträchtigen wird, stand bis 1950 das Berliner Schloss. Danach errichtete die DDR hier den protzigen Kulturpalast, von manchen auch ‚Erichs Lampenladen' genannt. Der Ort ist wie wenige andere in Berlin mit der hohen Politik Deutschlands verbunden – ein Ort der Macht, heute vor allem ein Ort der Erinnerung. Doch der Platz birgt noch viele weitere historische Schichten, die in die Jahrhunderte zurückgehen. Was war also vor dem Schloss und dem Palast an diesem Ort?

Friedrich II., der unbeliebte, auch ‚Eiserne' oder ‚Eisenzahn' genannte Kurfürst Brandenburgs, konzipierte in den 1440er Jahren hier ursprünglich eine Burg, die nur vordergründig die Handelswege entlang der Spree kontrollieren sollte. Vor allem aber sollte seine Trutzburg den zur Unabhängigkeit neigenden Städtern die Macht des Kurfürsten demonstrieren. Der Ausbau der Landesherrschaft war Friedrichs ausgemachtes Ziel. Aus diesem Grund baute er seinen zukünftigen Herrschersitz unmittelbar neben das florierende Cölln und nicht, wie es zu jener Zeit üblich war, auf eine schützende Anhöhe oder als Wasserburg in einen See, die es Feinden schwer machte, das Gemäuer zu erobern.

Werk eines unbekannten Malers: das Stadtschloss um 1685

Grabungen wurden bis 2009 auch auf dem Gelände des Schlossplatzes
ausgeführt: Reste des alten Hohenzollernschlosses und des
Dominikanerklosters traten zutage

Acht Jahre, bis ca. 1451, dauerte der Bau der gotischen
Burg. Archäologische Untersuchungen ergaben, dass es
sich um einen dreistöckigen, roten Backsteinbau gehandelt
haben muss.[25] Das Hohe Haus (siehe S. 101) verlor nach der
Fertigstellung des neuen Baus seine Bedeutung als Herrschersitz der Markgrafen.

Schon im 16. Jahrhundert ließ Kurfürst Joachim II. die
spätmittelalterliche Burg weitestgehend abtragen und durch
einen zeitgenössischen Renaissance-Bau ersetzen, der im
Laufe der Jahrhunderte mehrfach erweitert und umgebaut
wurde. Nach der Novemberrevolution 1918 bis in die Nach-
kriegszeit wurde das Schloss als Museum genutzt, bis es
der Staatsratsvorsitzende Walter Ulbricht als Symbol des
‚preußischen Absolutismus‘ sprengen ließ.

Vertiefung: Streit ums Stadtschloss – Der Berliner Unwille

2007 beschlossen der Bundestag und das Land Berlin, das Schloss wieder aufzubauen und als Bibliothek für die Humboldt-Universität bzw. als Museum für Ausstellungen der Stiftung Preußischer Kulturbesitz zu nutzen. Der Wiederaufbau soll 2011 beginnen. Die Entstehungsgeschichte des Schlosses zeigt, dass dieser Ort schon seit dem Spätmittelalter ein Platz staatlicher Repräsentation war – und genauso lange ein Zankapfel, über den sich Generationen mit Leidenschaft stritten. Die letzten zwei Jahrzehnte haben das deutlich gezeigt.[26] Bürgerinitiativen entstanden, um den Palast der Republik zu retten, das Schloss wieder aufzubauen. Seit 2008 ist es endgültig, das Berliner Schloss wird errichtet. Was das mit dem Mittelalter zu tun hat?

Tatsächlich ist der Streit um einen repräsentativen Bau mitten in Berlin nicht ganz neu. Schon im Mittelalter, als Friedrich II. seine Burg auf der Spreeinsel plante, wehrten sich die Bewohner der Doppelstadt Berlin-Cölln heftig. Der märkische Kurfürst wollte die Einwohner der Stadt zwingen, ihr Land für den Bau abzutreten. Sein Ziel: Die Vorherrschaft über die bis dahin unabhängigen Städte voranzutreiben. Die Bewohner verbarrikadierten sich daraufhin hinter der Stadtmauer, vernichteten Urkunden und setzten die Baugrube für das Schloss, das sie als „Zwingburg" betrachteten, mithilfe der Spreeschleusen unter Wasser. Der Aufstand ging als „Berliner Unwille" in die Stadtgeschichte ein.

Der Kurfürst ließ sich dadurch nicht von seinem Ziel, der Herrschaft über die Mark Brandenburg, abbringen. Er zog die ebenfalls rebellischen Städte aus dem Umland durch Dro-

143. Friedrich II.

Friedrich II. (1413–1471), Spitzname: der ‚Eiserne' oder ‚Eisenzahn', aus dem Buch ‚Geschichtsbilder', veröffentlicht 1896 von Friedrich Polack

hungen und Versprechungen auf seine Seite. Berlin und Cölln standen mit ihrem Widerstand gegen die erzwungene Vorherrschaft des Landesherrn bald alleine da. Es dauerte nicht lange und der Aufstand brach zusammen – die Städte Berlin und Cölln mussten sich Friedrich II. offiziell unterwerfen. Er ließ die Burg bauen, Geldstrafen wurden über beteiligte, aufmüpfige Bürger verhängt, Verbannungen ausgesprochen. Für die beiden Städte bedeutete dies den Verlust der Selbstständigkeit und leitete eine neue Epoche in der Geschichte Berlins ein: die Entwicklung zur Residenzstadt.

Auf dem Weg

Laufen Sie vom Schlossplatz zurück über die Breite Straße bis zum Mühlendamm.

Station 6
Mühlendamm

Verkehrsanbindung: Haltestelle Fischerinsel, Bus M48, 147, 248, 347

Lassen Sie am Mühlendamm Ihren Blick über die Spree schweifen – Sie werden links und rechts mehrere Brücken sehen. Diese verbinden die kleine Spreeinsel mit dem Berliner ‚Festland'. Mindestens sechs Flussüberquerungen zählt man heute allein zwischen der Insel und dem Bereich des S-Bahn-Bogens zwischen Jannowitzbrücke und Hackeschem Markt: Dieses kleine Areal entspricht ungefähr der Ost-West-Ausdehnung des mittelalterlichen Berlins. Zum Ende des Mittelalters gab es zwischen Berlin und Cölln statt sechs gerade einmal zwei Brücken, die es den Einwohnern ermöglichten, in die benachbarte Stadt zu gelangen.

Links sehen wir – östlich des Schlossplatzes – die ‚Lange Brücke', die heutige Rathausbrücke. Sie wurde erst

2009/10 abgerissen und durch einen Neubau ersetzt. Der Name ‚Lange Brücke' entstand offensichtlich aufgrund ihrer für damalige Verhältnisse enormen Länge. Ende des 13. Jahrhunderts gebaut, ist sie die zweitälteste Brücke der Doppelstadt. Älter ist nur der Mühlendamm, der als nächste Überquerung einige hundert Meter weiter rechts der Rathausbrücke folgt. Der Damm stammt aus der Zeit der Stadtgründung und war über Jahrzehnte hinweg der einzige Übergang zwischen den beiden Siedlungen. Der Name Mühlendamm (‚Molendam') bezieht sich auf mehrere Wassermühlen, die hier seit 1220 die Wasserkraft der Spree nutzten. Nur in der Mitte konnten Boote durch eine kleine Lücke den Fluss befahren.

Am Mühlendamm waren zuerst drei Mühlen ansässig: eine auf der Cöllner und eine auf der Berliner Seite, dazwischen stand die so genannte Mittelmühle.[27] Später kamen weitere hinzu. Die Mühlen befanden sich im Besitz des Lan-

Die Lange Brücke im Jahr 1690

Alt-Berlin. Die lange Brücke (1) im Jahre 1690.
2. Der kurfürstliche Marstall. 3. Häuser auf der Freiheit. 4. Haus des Bürgermeisters Scharius.

desherrn. Die Einwohner Berlins und Cöllns waren fortan gezwungen, ihr Korn in seinen Mühlen mahlen zu lassen – was dem Stadtsäckel einen erheblichen Gewinn einbrachte. Bald siedelten sich auf der Brücke hölzerne Buden an, um die Erzeugnisse der Mühlen direkt vor Ort zu verkaufen. Reges Markttreiben herrschte an und auf der Brücke, was auch an der Tatsache lag, dass mehrere Fernhandelsstrassen an diesem Punkt zusammenkamen.

Vertiefung: Die Spree als Handelsweg

Obwohl die benachbarten Siedlungen Spandau und Köpenick älter und im Gegensatz zu Berlin oder Cölln schon früh strategisch wichtige militärische Punkte waren, lief die Doppelstadt ihnen im Laufe des Mittelalters den Rang ab. Grund dafür war hauptsächlich die verkehrsgünstige Lage: Berlin/Cölln war ein Verkehrsknotenpunkt zwischen Ostsee und Erzgebirge. Ein Handelsweg zwischen dem Barnim im Norden und Teltow im Süden verlief direkt über den Mühlendamm.

Zu Wasser führten Fernhandelswege über Spree, Havel und Oder in die entlegenen Städte des Heiligen Römischen Reiches[28] und darüber hinaus. Fremde waren gezwungen, ihre Waren in der Stadt anzubieten: Nach dem so genannten ‚Stapelrecht‘ mussten sie ihre Waren am Mühlendamm stapeln bzw. auslegen oder eine Gebühr an die Stadt als Wegezoll entrichten. Viele Händler mussten ihre Waren ohnehin am Mühlendamm umladen, sei es, um auf dem Land weiterzuziehen oder um auf Schiffe auf der anderen Seite des Dammes zu gelangen. Die meisten Händler boten daher ihre Waren auf den Märkten der Stadt an – Berlin

Blick vom Mühlendamm auf die königlichen Mühlen und die Lange Brücke (Rathausbrücke), Albert Schwendy, 1850

wuchs schnell zu einem wichtigen Handelspunkt der Mark Brandenburg heran.

Vor allem für die Cöllner Kaufleute war der Handel mit Fisch gewinnbringend. Als „Fischhandelszentrale" der Mark Brandenburg wird Berlin bezeichnet.[29] Fische wurden in der Stadt konserviert und weiterverkauft, von der Ostsee brachten Händler ihre Ware, vor allem Salzheringe, nach Berlin. Da Fisch im Mittelalter eine beliebte Fastenspeise und Fleisch für viele Menschen oft unerschwinglich war, benötigte man ihn in erheblich größeren Mengen als heute.[30]

Die wichtigsten Handelsbeziehungen Berlin/Cöllns bestanden mit der Hafenstadt Hamburg. Dies wissen wir aus dem Hamburger Schuldbuch des 13. Jahrhunderts, in dem Lieferungen von Berliner und Cöllner Kaufleuten über Jahre hinweg verzeichnet sind.[31] Die Fracht der brandenburgischen Kaufleute gen Norden bestand hauptsächlich aus märkischem Eichenholz und dem damals beliebten ‚Berliner Roggen', geerntet auf den umliegenden Feldern der Stadt. Über Hamburg gelangten ihre Waren in die großen Fernhandelsmetropolen des Mittelalters: die flandrischen Städte Brügge, Gent oder Löwen. Dort kauften Berliner Kaufleute im Gegenzug kostbare Tücher, Stoffe und exotische Gewürze für die gutbetuchte Käuferschaft des heimischen Marktes.

Auf dem Weg

Von hier aus können Sie direkt die zweite Tour anschließen oder Sie laufen für Ihren Heimweg in Richtung Bus- bzw. U-Bahnhaltestelle Klosterstraße (U2).

Geschichtstour

2

Vom Mühlendamm zum Alexanderplatz –
das mittelalterliche Berlin

Blick über den Mühlendamm in Richtung Nikolaikirche, im Hintergrund die Marienkirche. Stadtmodell Berlin um 1450, gebaut 1937 von Winkler/Prenzel zur 700-Jahr-Feier Berlins nach dem damaligen Stand der Wissenschaft

Direkt an den Spaziergang durch Cölln schließt sich unsere Erkundungstour durch das mittelalterliche Berlin an. Im Gegensatz zur Cöllner Tour sind hier einige mittelalterliche Gebäude erhalten geblieben – wenn auch nur in umgebauter, restaurierter oder wiedererrichteter Form. Die Gegend um das Nikolaiviertel bis zur S-Bahnbrücke am Fernsehturm wurde während des Zweiten Weltkriegs stark zerstört – und anschließend nicht originalgetreu wieder aufgebaut. Der Alexanderplatz, der eigentlich nur das Gebiet nordöstlich der S-Bahnbrücke bezeichnet, war zu DDR-Zeiten der Mittelpunkt des Ostberliner Stadtzentrums. Neben dem Fernsehturm bildeten Interhotel (heute Park Inn), Centrum-Warenhaus (heute Kaufhof), die Weltzeituhr, der Brunnen der Völkerfreundschaft oder das Haus des Lehrers die Parameter des sozialistischen Vorzeigeplatzes.[32] Die Verbindung von sozialistischer Nachkriegsbauweise und mittelalterlichen Überresten machen diese Tour so reizvoll – entdecken Sie die Gegensätze.

1 – Molkenmarkt
2 – Nikolaikirche
3 – Rotes Rathaus
4 – Jüdenstraße
5 – Stadtmauer
6 – Klosterstraße
7 – St.-Georgen-Hospital
8 – Marienkirche
9 – Heilig-Geist-Spital

Station 1
Molkenmarkt

Verkehrsanbindung: Haltestelle Klosterstraße, U-Bahn U2, Haltestelle
Berliner Rathaus, Bus M48, 248

Haben Sie sich schon einmal gefragt, woher der Name
Molkenmarkt kommt? Mit dem grün-gelben Käsewasser
hat der Platz nichts zu tun, auch wurden hier früher keine
Kuhherden gemolken. Der Begriff Molkenmarkt leitet sich
entweder vom niederdeutschen Begriff ‚Molen' für Mühlen
ab oder aber von der mittelalterlichen Bezeichnung ‚Olde
Markt' für Alter Markt.[33] Hier ist sich die Wissenschaft
immer noch uneinig.

Der Molkenmarkt wird in nord-südlicher Richtung
von der verkehrsreichen Grunerstraße durchschnitten und
hat daher heute seinen Charakter als belebter Platz verloren. Im Krieg stark zerstört, war der Molkenmarkt ursprünglich Teil des dichtbesiedelten Berliner Altstadtkerns.

Im Mittelalter und darüber hinaus führte von hier zum Beispiel eine kleine Gasse mit dem Namen ‚Krögel' zur Spree – die öffentliche Badestube lag hier.[34]

Am ‚Olde Markt' hielt man im Mittelalter den Wochenmarkt ab. Er erreichte jedoch bei weitem nicht die Ausmaße des jetzigen Molkenmarkts.[35] Mit der spätmittelalterlichen Erweiterung um die Marienkirche am Alexanderplatz und dem zugehörigen Neuen Markt verlor der Alte Markt zunehmend seine Funktion als Hauptmarkt der Stadt. Er blieb jedoch weiterhin ein wichtiges Handelszentrum.

Vom Molkenmarkt gingen ursprünglich mehrere Straßen ab, einige von ihnen lassen noch heute ihre ursprüngliche Führung erkennen: Die Stralauer Straße führte nach Osten durch das Stralauer Tor, die nordwestliche Spandauer Straße am Roten Rathaus vorbei zum Spandauer Tor in Richtung Westen.

Johann Georg Rosenberg: Ansicht des Molkenmarkt um 1785

V& du Marché du Molckenmarcki et de l'Église S. Pierre, dans l'eloignement.

Vertiefung: Mittelalterliches Marktleben

Ein Mittelaltermarkt in einer beliebigen Stadt in Deutschland: Hunderte von Menschen drängen an Ständen mit Glaswaren, Schmuck oder Bratwürsten vorbei. Eine Bühne ist aufgebaut, auf der stündlich Mittelalterbands oder Artisten auftreten. Sie bestellen Met an einem holzverkleideten Stand. Eine junge Frau mit Dreadlocks ruft Ihnen zu: „Drei Taler bitte … und fünf Taler Pfand für den Becher." Sie ahnen es: Mittelaltermärkte haben mit Ihren Vorbildern wenig gemein. Das Marktleben vollzog sich im Mittelalter vielmehr nach strengen Regeln: Kirchglocken läuteten den Beginn ein, der Verkauf durfte erst mit dem Wegnehmen des ‚Marktwischs', einem Strohbüschel begonnen werden. Es gab einen Marktmeister, einen städtischen Beamten, der für die Einhaltung des Marktrechts sorgte. Er überwachte auch die Richtigkeit von Maßen und Gewichten. Wurde gegen die Verordnungen verstoßen, konnte aufgrund einer besonderen Marktgerichtsbarkeit, sofort an Ort und Stelle Recht gesprochen werden. Häufig wurde eine Geldbuße verhängt. Zänkische Marktfrauen brachte der Marktmeister meist durch das Tragen von ‚Schimpfsteinen' zur Räson.[36]

Wochenmärkte wurden in allen mittelalterlichen Städten regelmäßig abgehalten, um die Bewohner mit Gütern des täglichen Bedarfs zu versorgen. Von nah und fern strömten die Händler und Handwerker jedoch vor allem zu den Jahrmärkten, die in Berlin und Cölln am Walpurgistag (1. Mai), dem Heiligkreuztag (14. September) und dem Martinstag (11. November) statt fanden.[37] Waren bot man in ‚Kaufhäusern' an, die oft im Erdgeschoss des Rathauses lagen. Ebenso in festen Buden, auf Ständen oder direkt aus dem Wagen oder

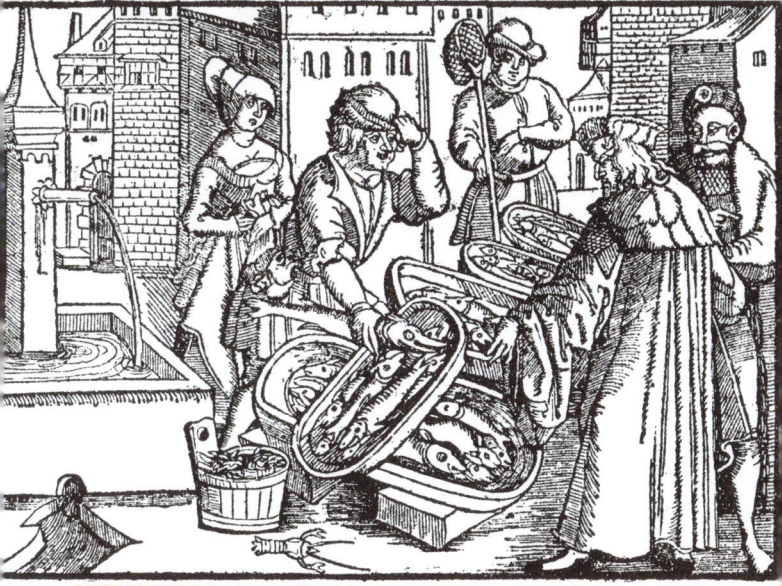

So sah es sicherlich auch in Berlin aus: Kleiner Fischmarkt an einem unbekannten Ort, Holzschnitt von Hans Franck, 1516

Korb. Unterschiedlichste Handelsgüter findet man im Berliner Stadtbuch vermerkt: allen voran landwirtschaftliche Produkte wie Getreide, Vieh, Wolle, Häute, Leder und Wachs. Auch Textilien wie Flachs, Leinwand oder Metallprodukte wie Geräte, Hufeisen oder Kessel wurden verkauft. Als Genussmittel galten Gewürze, Öl, Reis, Bier oder Wein. Wichtigstes Verkaufsgut im Berliner Raum war jedoch Fisch, vor allem Hering. So trug ein Teil des Alten Marktes (Molkenmarkt) sowie der Cöllner Markt den Namen Fischmarkt.[38]

Auch dem Stadtsäckel kam das regelmäßige Abhalten der Märkte zu Gute. Markt- und Handelsabgaben mussten von jedem Händler, abhängig von seiner Herkunft, Art und Menge der Ware, gezahlt werden. Berliner Händler und auch Händler aus der Mark mussten weniger Abgaben an die Stadtkasse zahlen als Auswärtige. Die Stadt zielte mit diesem System darauf ab, eigenes Handwerk und eigenen Handel zu fördern, um so die Versorgung der Stadt zum Beispiel im Kriegsfall gewährleisten zu können.

Auf dem Weg

Biegen Sie vom Mühlendamm links in die Eiergasse ein. Sie passieren unter anderem das Hanf-Museum, das Ephraim-Palais (Poststraße/Ecke Mühlendamm), ein Rokkokogebäude aus dem 18. Jahrhundert, sowie das spätbarocke Knoblauchhaus des Nadlermeisters Johann Christian Knoblauch (Poststraße 23). Flanieren Sie anschließend durch die Gassen des Nikolaiviertels.

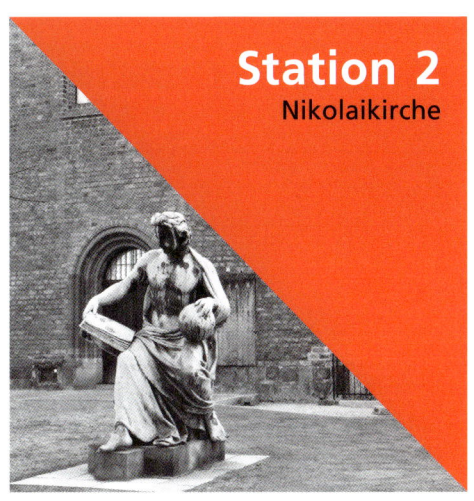

Station 2
Nikolaikirche

Verkehrsanbindung: Haltestelle Nikolaiviertel, Bus M48, 248

Sie suchen die älteste Kirche Berlins? Wenn Sie die mittelalterliche Siedlung Berlin meinen, haben Sie sie mit der Nikolaikirche gefunden. Vielleicht ist die Cöllner Petrikirche ein paar Jahre jünger oder älter – ein genaues Datum der Grundsteinlegung gibt es für die Nikolaikirche nicht, dafür eine Urkunde aus dem Jahr 1244. In ihr wird die Kirche erstmalig erwähnt – oder, genauer gesagt, Symeon, der Vorsteher der Nikolaikirche war (*dominus Symeon de Berlin*).[39] Symeon tauchte bereits bei der ersten urkundlichen Erwähnung Cöllns auf und ist damit auch der älteste Berliner, den wir namentlich kennen.

Benannt wurde die Kirche nach dem griechischen Bischof Nikolaus von Myra (gest. um 350 n. Chr.), dem Schutzpatron der Kaufleute. Kaufleute waren es auch, die im Zuge der Ostkolonisation erstmals um 1200 in die Mark Brandenburg kamen und die Siedlung Berlin und damit den Bau der Kirche begründeten. Eine Ansiedlung ohne Kirche, als Ort des Glaubens und der Buße, wäre im Mittelalter unvorstellbar gewesen. Nikolaikirchen finden sich daher in fast allen ehemaligen Kaufmannsvierteln deutscher Städte.[40]

Aus einer Quelle geht hervor, dass die Kirche 1264 umgebaut wurde: Das ursprünglich spätromanische Langhaus ersetzte man durch eine gotische Hallenkirche. Um den Bau schnell voranzutreiben, gewährte Bischof Heinrich von Brandenburg allen Gläubigen vierzehntägigen Ablass, wenn Sie sich am Ausbau der Nikolaikirche beteiligten.[41] Ablass heißt, die Kirche erließ den Helfern ihre Sünden gegen Leistungen, wie dem Kirchbau oder gegen ‚Spenden‘. Die Idee des Ablasshandels wurde vor allem im Spätmittelalter regelmäßig missbraucht: Vermögende glaubten, ohne Unterlass sündigen zu können, wenn sie nur regelmäßig eine Geldspende erbrächten. Andererseits schürten Kirchenleute bei verängstigten Gläubigen die Angst vor dem Fegefeuer und besserten so ihre Kassen auf. Größter Kritiker war Martin Luther. Auf seiner Kritik am Ablasshandel fußen seine berühmten Thesen.

1938 wurde die Nikolaikirche im Nationalsozialismus zum Reichseigentum und nicht mehr für Gottesdienste genutzt. Während des Zweiten Weltkriegs zerstörten Bomben die Kirche bis auf die Außenwände weitestgehend. Lange Zeit prägte die Ruine das Bild des Nikolaiviertels. Ab 1981 wurde sie schließlich im Zuge der Neugestaltung des Viertels nach alten Plänen wieder aufgebaut.

1951 wurde entdeckt, dass Diebe in die Grabkammern der zerstörten Kirche eingedrungen waren und geplündert hatten. Das wertvolle Diebesgut: Zinksärge und Schmuck von Ratsherren und Kaufleuten aus dem 16. Jahrhundert

Nur der Unterbau der Kirche ist aus dem Mittelalter erhalten. Heute ist das Gebäude Konzertstätte und gehört mit einer Dauerausstellung über die Geschichte der Kirche und des Nikolaiviertels zur Stiftung Stadtmuseum Berlin. Nach einer zweijährigen Sanierung wurde die Nikolaikirche im März 2010 wiedereröffnet.

Vertiefung: Zerstörung und Wiederaufbau des Nikolaiviertels

Hunderte von Touristen besuchen täglich das Nikolaiviertel, erfreuen sich an den engen Gassen, den kleinen Geschäften und gemütlichen Cafés – eine Insel inmitten des Hauptstadttrubels. Das Viertel verkauft sich als authentische, historische Mitte – ist es aber nicht: Die meisten Häuser stammen aus den 1980er Jahren. Nicht nur von der Nikolaikirche blieben nach der Zerstörung im Zweiten Weltkrieg jahrzehntelang nur die Ruinen stehen – das gesamte Nikolaiviertel um die Kirche herum war im Bombenhagel niedergegangen und nicht vollständig wieder aufgebaut worden. Noch wenige Jahre zuvor, 1937, hatte Adolf Hitler mit seinen Architekten im Rahmen der 700-Jahr-Feier Berlins geplant, die baufälligen, maroden Häuser abzutragen und durch Fassaden historischer Bürgerhäuser zu ersetzen. ‚Altstadtforum‘ nannte man diese Planungen, die im Zuge des Umbaus der Reichshauptstadt zur Welthauptstadt Germania umgesetzt werden sollten.[42]

In den DDR-Bauplanungen spielte das Nikolaiviertel lange Zeit keine Rolle. Man konzentrierte sich auf eine effektive und kostengünstige Wohnungsraumbeschaffung durch Plattenbausiedlungen und repräsentative Projekte wie den Ausbau der Stalinallee.[43] Als die 750-Jahr-Feier bevorstand, änderte sich die Wertschätzung für den historischen Kern der Stadt. Neu errichtete Gebäude, die eine Einheit mit der ursprünglich vorhandenen Architektur bilden, sollten im Vorfeld der Feierlichkeiten entstehen. Das zum Jubiläumsjahr 1987 fertig gestellte Viertel ruft seitdem zweigeteilte Reaktionen hervor. Die wenigen noch bestehenden Gebäude des Nikolaiviertels wurden restauriert, freistehende Flächen mit Neubauten gefüllt. Sie erhielten zum Teil historisierende Fassaden, vor allem um die ebenfalls rekonstruierte Nikolaikirche. Einen großen Anteil machen aber auch Gebäude in industriell gefertigter Plattenbauweise aus. Darüber kann auch nicht die besondere Form der Plattenbauten, verziert mit Giebeln und Ornamenten, hinweg täuschen. Zahlreiche Adaptionen historischer, wenn auch nicht mittelalterlicher, Gebäude wurden errichtet, um das künstliche historische Flair zu erhöhen, so zum Beispiel das Ephraim-Palais, ein Bürgerhaus im Rokoko-Stil, das Gasthaus ‚Zum Nußbaum', ein früheres Stammlokal von Berliner Berühmtheiten wie Heinrich Zille und Otto Nagel, oder auch eine Kopie der Gerichtslaube des Berliner Rathauses (siehe Station Rathaus, S. 79), die als Restaurant genutzt wird.

Die Straßenführung mit ihren engen, gepflasterten Gassen folgt weitestgehend den überlieferten, historischen Grundrissen. Zusammen mit dem neu entstandenen Viertel um die Nikolaikirche gilt das Areal vielen als künstlich entstandener, auf Touristen abzielender ‚Altstadtersatz'.[44] Von den meisten Besuchern wird das Areal jedoch durchaus angenommen, so dass zahlreiche Gaststätten, Ladengeschäfte und Museumseinrichtungen auf dem Gebiet der früheren mittelalterlichen Siedlung entstehen konnten.

Das Nikolaiviertel vor der Zerstörung durch den Zweiten Weltkrieg, Aufnahme um 1930

Interview mit Eberhard Kirsch vom Stadtmuseum Berlin

Eberhard Kirsch studierte Ende der 1960er Jahre Ur- und Frühgeschichte sowie Kunstgeschichte in Halle. 1977 kam er als Archäologe an die Forschungsstelle für Bodendenkmalpflege im Märkischen Museum. Er war an Grabungen in Marzahn und Hellersdorf sowie im Innenstadtgebiet um die Nikolaikirche im Zuge der Rekonstruktion des Nikolaiviertels beteiligt. 1989 wechselte er zur Kunstgeschichte und betreut seitdem den Bereich Alltagskultur des Mittelalters und der Frühen Neuzeit.

Anfang der 1980er Jahre wurde mit dem Bau des Nikolaiviertels hinsichtlich der 750-Jahr-Feier Berlins begonnen. Was für eine Absicht verfolgte die Stadtregierung, als sie diese künstliche Altstadt errichten ließ?

Die Idee war, ein Konglomerat aus historisch überlieferten Gebäuden Berlins – und damit meinte man Cölln und Berlin – zu schaffen, um die Atmosphäre einer Altstadt bieten zu können. Die war natürlich nie wirklich existent, aber die Bevölkerung und die Touristen haben sie angenommen. Vorher war das Gebiet eine Brache, von daher war die Rekonstruktion schon ein Gewinn.

Die Entstehung des neuen Nikolaiviertels wurde zum Teil mit Plattenbauten realisiert. Waren Sie mit dieser Bauweise einverstanden?

Ich denke, mit den Plattenbauten an der Rathaus- und Spandauer Straße war niemand wirklich glücklich, aber das war eine Entscheidung, die allein den finanziellen

Möglichkeiten geschuldet war. Genormte Plattenbauten waren ja erheblich billiger als eine aufwendige Rekonstruktion von Altbauten. Ursprünglich geplant waren die Platten wahrscheinlich nicht, denn die Idee, eine Altstadt zu schaffen, war ja keine neue. Schon in der Vorkriegszeit gab es Pläne und Zeichnungen von Straßen und Fassaden. Das ist in den 1970er und 1980er Jahren von den Stadtbauplanern offensichtlich wieder aufgenommen worden. Auch in anderen Städten wurden solche Projekte realisiert, was daran lag, dass von der historischen Substanz so gut wie nichts mehr übrig war – und das schon vor dem Zweiten Weltkrieg.

Das Brachliegen des Nikolaiviertels kam also nicht durch die Zerstörungen des Zweiten Weltkriegs zustande?
Es ist eine weit verbreitete Vorstellung, dass der historische Stadtkern nur durch den Krieg oder den Abriss der Ruinen nach dem Krieg zerstört wurde. Tatsächlich ist ein Großteil der älteren Bausubstanz schon weitestgehend in der wilhelminischen Zeit vor dem Ersten Weltkrieg vernichtet worden, als Berlin Reichshauptstadt wurde. Zu dieser Zeit baute man entsprechend repräsentative Verwaltungs- oder Kaufhäuser. Die Altbausubstanz wurde radikal über Jahrzehnte abgerissen: Das mittelalterliche Rathaus musste 1860 dem Roten Rathaus weichen, 1930 folgte das Hohe Haus, viele Gebäude, die im Kern noch vollständige mittelalterliche Gewölbe hatten, hat man um 1900 abgerissen – in einer Zeit, in der man es eigentlich schon besser hätte wissen müssen. Aber die Stadtoberen haben lange Zeit keine Rücksicht auf die historische Substanz genommen.

Diese Zeugnisse mittelalterlichen Lebens in Berlin sind damit unwiederbringlich verloren.

Das Tragische ist auch, dass einige der Gebäude aus der Vorkriegszeit sehr tief im Untergrund stehen. Alles, was dort mal vorhanden war an Bodenschichten, Kellergruben oder Brunnen, ist vernichtet. Die Chance, noch an unberührte mittelalterliche Schichten zu gelangen, ist sehr eingeschränkt.

Wann kam das Interesse am Mittelalter in Berlin zurück?

Das Interesse am Mittelalter war auch in der DDR natürlich immer da – Grabungen fanden überall statt, zum Beispiel in der Niederlausitz im Abbaugebiet der Braunkohle. In Marzahn und Hellersdorf legten wir eine Siedlung aus der Eisenzeit und die Wüstung des mittelalterlichen Hellersdorf frei. Für die Berliner Innenstadt mag es zutreffen, dass nach Grabungen in den 1950er und 1960er Jahren durch die Akademie der Wissenschaften erst Anfang der 1980er Jahre in und um die Nikolaikirche wieder gegraben wurde – aufgrund der bevorstehenden 750-Jahr-Feier.

Wissenschaftliche Literatur zum Mittelalter war in der DDR oft stark ideologisch gefärbt. Wurden Forschungsergebnisse und Veröffentlichungen eigentlich von politischer Seite kontrolliert?

Mir ist nichts bekannt. Aber ich denke auch, dass es jeder Archäologe in der DDR vermieden hat, etwas in einem wissenschaftlichen Aufsatz zu schreiben, das als Angriff hätte aufgefasst werden können. Bei der frühgeschichtlichen Archäologie, den Germanen oder Slawen, hätte man aber auch etwas an den Haaren herbeiziehen müssen, um damit die Partei in Frage zu stellen. In Texten zum Mittelalter war sicher oft vom Klassenkampf die Rede – da hing es an jedem

Einzelnen, wie stark er das im Text herausstellen wollte. Dass ein erheblicher Teil der Bauern rechtlos war und der Adel oder Teile des Klerus ihr gutes Leben auf Kosten der Bevölkerungsmehrheit geführt haben, ist aber unabhängig von jeder politischen Ideologie eine Tatsache. Ob man es nun Klassenkampf nennt oder eine Bevormundung der Bevölkerung durch eine Handvoll Herrscher, das ist eine Sache der Wortwahl.

Auf dem Weg

Verlassen Sie das Nikolaiviertel über die kleine Gasse ‚Zum Nußbaum' und laufen Sie an der Spandauer Straße seitlich des Roten Rathauses bis vor zur Rathausstraße.

Gastrotipp: Paddenwirt

Woher der Name kommt? Vom ‚Paddenwirt' höchstpersönlich kommt diese Geschichte: „Vor langer Zeit eine Kneipe am Spreeufer stand. Die Waren bewegte man über dem Wasserweg und noch per Hand. Auch Fässer voll Bier wurden so transportiert. Es ward Vorsicht geboten, dass keins explodiert. Als dieses nun doch einmal geschah, waren plötzlich tausende Kröten da. Sie labten sich am Gerstensaft und quakten dazu mit ganzer Kraft. Da man zur Kröte auch ‚Padde' sagt, antwortet der Wirt, wenn man ihn fragt: „Durch dieses Unglück nun entstand der Name jener Kneipe, von Stund' an Paddenwirt genannt, ist's Tradition bis heute."

Nikolaikirchplatz 6, 10178 Berlin, Tel. 030-242 63 82, www.paddenwirt.de

Station 3
Rotes Rathaus –
Spandauer Straße/
Ecke Rathausstraße

Verkehrsanbindung: Haltestelle S+U Alexanderplatz, S-Bahn S7, S75, S9
U-Bahn U2, U5, U8, Straßenbahn M2, M4, M5, M6, Bus 100, 200, 248, M48,
TXL, Haltestelle Berliner Rathaus, Bus M48, 248

Das Rote Rathaus ist eines der bekanntesten Wahrzeichen Berlins: Acht Jahre lang, bis 1869, baute man an dem imposanten Klinkerbau. Das Rathaus ist Sitz des Senats sowie des Regierenden Bürgermeisters von Berlin. Auch im Mittelalter hatte das Berliner Rathaus hier seinen Standort – natürlich in viel kleinerem Ausmaß. Aus Backsteinziegeln mit vermutlich drei Geschossen errichtet, besaß das mittelalterliche Rathaus mehrere Funktionen als Kaufhaus, Rats- und Gerichtssaal.[45] Der Standort war für ein mittelalterliches Rathaus jedoch ungewöhnlich: In der Regel lagen Rathäuser an den ältesten und wichtigsten Plätzen der Stadt, wo die großen Wochenmärkte

Berlinisches Rathaus mit mittelalterlicher Gerichtslaube, 1819

stattfanden. In Cölln entspricht diese Stelle zum Beispiel dem Petriplatz, auf dem der Fischmarkt stattfand und das Cöllnische Rathaus auch tatsächlich seinen Standort hatte. In Berlin hätte das Rathaus entsprechend am Molkenmarkt liegen müssen. Dennoch entschied man sich beim Bau für die einige hundert Meter entfernte Kreuzung an der Spandauer Straße.[46]

Man muss sich die örtlichen Gegebenheiten näher anschauen, um die Wahl für diesen Standort nachvollziehen zu können: Wichtige Handelsstraßen kreuzten sich hier, nach Westen in Richtung Spandau, nach Osten in Richtung Oderberg. Die alte Bezeichnung Oderberger Straße für die Rathausstraße geht darauf zurück. Außerdem grenzte an dieser Stelle das nach 1230 neu entstandene Marienviertel (siehe Station Marienkirche, S. 108) an das ältere Nikolaiviertel an. Vielleicht wollte man an dieser Stelle eine Verbindung der beiden Stadtviertel durch das gemeinsame Rathaus schaffen.

Ein kleiner Teil des mittelalterlichen Rathauses ist noch erhalten und kann sogar im Babelsberger Park in Potsdam besichtigt werden: Die Gerichtslaube schloss sich an der westlichen Stirnseite des Rathauses zur Spandauer Straße hin an das Rathausgebäude an. Mit einem Flächenmaß von ungefähr 9 x 10 Metern war die Laube recht klein, jedoch zweigeschossig. Im Untergeschoss befand sich der so genannte Schöffenstuhl: Ein Schöffe, ein juristischer Laie, unterstützte den Rat bei seiner Entscheidungsfindung – er schlichtete zum Beispiel Marktstreitigkeiten. Im Obergeschoss war der Ratsstuhl aufgestellt. Rat und Bürger kamen hier zusammen. In der Laube wurde die städtische Gerichtsbarkeit ausgeübt – und zwar öffentlich. Das Gebäude war zu mehreren Seiten offen, damit jeder den Gerichtsverfahren beiwohnen konnte. Im Frühmittelalter sprach man im Freien bei Wind und Wetter Recht, doch schon Karl der Große[47] ließ bei Unwetter oder Regen die Gerichtsverhandlung in die Vorhallen der Kirchen verlegen. Die Gerichtslaube ist eine Weiterentwicklung dieser Praxis.

Bekannte und Aufsehen erregende Fälle entwickelten sich zu einem regelrechten Großereignis in mittelalterlichen Städten, bei denen die Bewohner zusammen kamen, um den Urteilsspruch hören zu können. Neben dem Galgen als Vollstreckungsinstrument gab es auch einen Pranger an der Laube. Er befand sich neben der Eingangstür, so konnte jeder, der öffentlich an diesen Pranger gestellt wurde, von der Bevölkerung begutachtet und geschmäht werden. Über dem Pranger stand der ‚Kaak‘, eine vogelartige Skulptur mit hämisch grinsendem Menschengesicht und Eselsohren, die den Verurteilten noch zusätzlich demütigen sollte.

Erst 1871, nach der Fertigstellung des Roten Rathauses, wurde das kleine Gebäude abgetragen, da es zu weit auf die Spandauer Straße hinausragte. Die Stadt machte die Laube Wilhelm I. zum Geschenk, und man brachte sie nach Babelsberg. Im Zuge des Wiederaufbaus des Nikolaiviertels in der DDR (siehe Station Nikolaikirche, S. 72) besann man sich auf den historischen Wert der Gerichtslaube. Man holte das Original jedoch nicht aus Potsdam zurück, sondern ließ eine Kopie in der Nähe des Rathauses im Nikolaiviertel, in der Poststraße 28 errichten. Seit Mitte der 1980er Jahre befindet sich in diesem Doppelgänger ein Alt-Berliner Restaurant.

So stellte man sich im Historismus das Mittelalter in Berlin vor: Fiktive Szene von Ludwig Burger um 1880

Ausstellung am Pranger „Kaken" auf der Gerichtslaube in Berlin (1380).

Zeichnung von Ludwig Burger.

Die Gerichtslaube kann heute im Babelsberger Park in Potsdam besichtigt werden

Info: Gerichtslaube Potsdam
Die originale Gerichtslaube ist auf der Lennéhöhe im Park Babelsberg zu besichtigen (14482 Potsdam).

Gastrotipp: Berliner Gerichtslaube
Poststraße 28, 10178 Berlin, Tel. 030-241 56 97,
www.gerichtslaube.de

Vertiefung: Die Geschichte des Hans Kohlhase

,Michael Kohlhaas' ist Ihnen wahrscheinlich noch aus der Schule ein Begriff. Als Heinrich von Kleist 1810 die Novelle schuf, schöpfte er aus einer alten Quelle, die über die Geschichte des Hans Kohlhase berichtet, eine Art Robin Hood Berlins: Der Kaufmann wurde um 1500 in Tempelberg nahe Fürstenwalde geboren, lebte mit Frau und drei

Hans Kohlhase, aus einer Kupferstichsammlung des Predigerseminars von Lutherstadt-Wittenberg, um 1840

Kindern ab 1530 auf der Fischerinsel in Cölln. Im Oktober 1532 machte er sich auf den Weg zum Leipziger Michaelismarkt, doch dabei stahl ihm der Junker Günther von Zaschnitz im sächsischen Dorf Wellaune seine Pferde. Kohlhase klagte sein Recht ein, stieß jedoch an die Grenzen des Feudalstaates – der Adlige Zaschnitz wurde vom sächsischen Vogt sowie dem Kurfürsten gedeckt. Im März 1534 erklärte Kohlhase daraufhin in einem offenen Brief dem Land Sachsen und vor allem Günther von Zaschnitz die Fehde. Brandschatzungen, Raub und Entführungen folgten. Kohlhase fand vor allem bei einfachen Leuten und dem niederem Adel der Mark Brandenburg großen Zuspruch, mehrere hundert Menschen zählten zu seinen Unterstützern.

Seine Taten wurden vom brandenburgischen Kurfürsten zunächst mehr oder weniger gebilligt, bis Kohlhase 1540, vermutlich versehentlich, einen Silbertransport für den Kurfürsten überfiel. Daraufhin lockte man ihn nach Berlin, im Haus des Küsters der Nikolaikirche wurde er festgenommen und im Berliner Rathaus verurteilt: zum Tod auf dem Rad. Die Vollstreckung fand vor den Toren Berlins auf dem Rabenstein am heutigen Straußberger Platz statt.

Auf dem Weg

Laufen Sie um das Rote Rathaus herum, indem Sie in die Jüdenstraße einbiegen. Überqueren Sie die Grunerstraße (hier gibt es keinen direkten Fußgängerüberweg, eventuell machen Sie einen kleinen Umweg über die Ampeln am Molkenmarkt) und laufen Sie weiter auf der Jüdenstraße, ungefähr bis zur Kreuzung Parochialstraße.

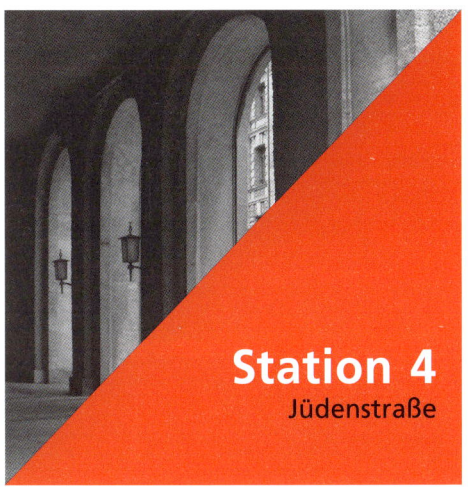

Station 4
Jüdenstraße

Verkehrsanbindung: Haltestelle Klosterstraße, U-Bahn U2

Der Name verrät ihren Ursprung: Juden siedelten seit dem Mittelalter in dieser Straße. Nachweislich seit Mitte des 13. Jahrhunderts ließen sie sich im Berliner Raum nieder; der älteste jüdische Grabstein auf dem Jüdischen Friedhof in Spandau wurde auf 1244 datiert (siehe Tour Spandau, Station Zitadelle, S. 145). In Berlin stammt der älteste Nachweis einer jüdischen Siedlung von 1295: den Wollwebern wurde verboten, Garn bei jüdischen Händlern einzukaufen. Gründe sind nicht genannt.[48]

Die Jüdenstraße verläuft vom Rathaus bis zur Stralauer Straße hinunter zur Spree, unterbrochen wird sie von der Grunerstraße, die es freilich im Mittelalter noch nicht gab. An der heutigen Ecke Jüdenstraße/Grunerstraße, dicht an der Parochialstraße, lebten einst die jüdischen Bewohner

Der Jüdenhof um 1930

Berlins im so genannten ,Großen Jüdenhof'. Diesen Platz
wies ihnen der Kurfürst zu. Er umfasste rund elf Häuser
und war durch Mauern abgesondert von der Stadt. Abends
wurden die Tore des Jüdenhofes verschlossen: Juden waren
so zwar ein Teil der städtischen Bevölkerung, standen jedoch stets außerhalb der (christlichen) Gemeinschaft. Bis
in die 1930er Jahre hinein war die historische Bebauung des
Jüdenhofes zu erkennen, nach dem Zweiten Weltkrieg errichtete man einen Parkplatz auf dem Gelände.

Die zugezogene jüdische Bevölkerung unterstand im Mittelalter dem Schutz des Markgrafen und besaß ein Sonderbürgerrecht. Sie wurden also in der Stadt geduldet, mussten aber auch hohe Abgaben an den Herrscher der Mark Brandenburg zahlen. Juden kamen im Allgemeinen als Händler in die Städte, noch wichtiger waren aber die von ihnen betriebenen Geld- und Kreditgeschäfte. Christen war es von der Kirche verboten, Geld zu verleihen, Juden jedoch waren an diese Vorgabe nicht gebunden. Daher siedelten sie in fast allen größeren Städten und liehen der Stadt oder den Bürgern Geld gegen Zinsen.

Einige wenige Juden erlangten durch ihre Tätigkeit ein beträchtliches Vermögen, was oft den Zorn der weniger liquiden Einwohner mit sich brachte: Sie waren als Wucherer verschrien. Die Abneigung gegen Juden steigerte sich im 14. Jahrhundert in den Zeiten der Pest, als man ihnen vorwarf, für den ,Schwarzen Tod' verantwortlich zu sein: Sie hätten das Trinkwasser der Brunnen vergiftet und damit die Seuche ausgelöst. Tatsächlich erkrankten Juden seltener an der Pest als andere Stadtbewohner – womöglich durch ihre räumliche Absonderung im Jüdenhof und ihre strengen Essens- und Reinlichkeitsvorschriften. Den unmittelbaren Zusammenhang zwischen Hygiene und Krankheitsvorbeugung kannte man im Mittelalter jedoch nicht. Furchtbare Pogrome[49] gegen die Juden waren daher die Folge im gesamten Heiligen Römischen Reich, dem damaligen Herrschaftsgebiet des römisch-deutschen Kaisers. Auch in Berlin wurden 1349 zum ersten Mal viele Juden umgebracht oder aus der Mark Brandenburg verbannt.

Vertiefung: Der Judenprozess von 1510

Im Februar 1510 stahlen Diebe aus der Dorfkirche von Knoblauch bei Brandenburg an der Havel eine Monstranz[50] und zwei geweihte Hostien. Am Tatort fand man den Lötkolben des Kesselflickers Paul Fromm, nahe seinem Haus Teile der Monstranz. Der Vertreter des Brandenburger Bischofs ordnete ein ‚peinliches Verhör‘ – die Folter – an, bei der Fromm ‚gestand‘, dass er eine Hostie gegessen habe. Die zweite aber habe er an den Spandauer Juden Salomo verkauft. Der Kurfürst beorderte Salomo nach Berlin, wo dieser unter Folter wiederum ‚gestand‘, er habe mehrmals auf die Hostie eingestochen, bis sie in drei Teile zersprang. Ein Drittel der Hostie habe er in einen Matzekuchen[51] eingebacken und in der Spandauer Synagoge aufgehängt. Die anderen beiden Teile habe er an die Juden Markus in Stendal und Jakob in Brandenburg geschickt.[52]

Markus aus Brandenburg sagte unter Folter aus, dieselbe Tat wie Salomo mit seinem Hostienstück begangen zu haben. Gleichzeitig benannte er mehrere Personen, die an den Geschehnissen ebenfalls beteiligt gewesen sein sollen. Insgesamt 36 Beschuldigte wurden so nach Berlin gebracht und dem Hostienfrevel für schuldig befunden. Zusätzlich warf man ihnen vor, Christenkinder getötet zu haben. Da jedoch im Umkreis gerade keine Kinder vermisst gemeldet waren, erinnerte man sich eines Mannes, der vor zehn Jahren durch die Mark gereist und den Juden Christenkinder verkauft haben soll. Diese seien dann rituell von ihnen getötet worden. Auf 51 Beschuldigte hatte man es so mittlerweile gebracht, unter ihnen die reichsten Juden der Mark Brandenburg.

Verbrennung von 38 Juden auf dem Neuen Markt in Berlin, 19. Juli 1510

Am 15. Juli 1510 verkündete der Bürgermeister von Berlin und Cölln auf dem Neuen Markt vor der Marienkirche die Urteile: 38 Juden wurden vor die Stadt geführt und auf dem Scheiterhaufen verbrannt. Zwei Juden konvertierten während des Prozesses zum Christentum, man begnadigte sie zum Tod durch das Schwert. Ein Dritter entging der Hinrichtung aufgrund seiner Kenntnisse der Augenheilkunde: Er kam als Mönch im Grauen Kloster, dem Franziskanerkloster Berlins, unter. Über das Schicksal der übrigen Verurteilten ist nichts bekannt. Wahrscheinlich überlebten sie die Folter nicht. Der Prozess hatte auch für alle übrigen, unschuldigen Juden Konsequenzen: Man verwies sie der Mark Brandenburg – was zur Folge hatte, dass viele Schuldner ihre Kredite an die für immer Vertriebenen nicht mehr zurückzahlen mussten.[53]

Auf dem Weg

Biegen Sie von der Jüdenstraße in die Parochialstraße ein und laufen Sie bis zur Waisenstraße. Sie passieren das rekonstrierte Palais Podewils (1701-04) und die Parochialkirche (ab 1695), die älteste Berliner Kirche der reformierten Gemeinde. Wenden Sie sich auf der Waisenstraße nach rechts und umrunden Sie die zwei noch vorhandenen Teile der Stadtmauer, indem Sie auf die Littenstraße einbiegen.

Station 5
Stadtmauer,
Littenstraße / Waisenstraße

Verkehrsanbindung: Haltestelle Klosterstraße, U-Bahn U2

Wer nach der ‚richtigen' Berliner Mauer sucht, hat sie
in der Waisenstraße bzw. Littenstraße gefunden. Nicht
Ulbrichts ‚antifaschistischer Schutzwall' von 1961 ist hier
gemeint, sondern die alte Berlin-Cöllner Stadtmauer, be-
ziehungsweise das, was davon übrig geblieben ist. Rund
120 Meter der alten Stadtumwehrung sind an dieser Stelle
erhalten. Die Stadtmauer diente als Häuserrückwand für
mehrere Bürgerhäuser, daher konnte sie hier etwas abseits
vom hauptstädtischen Treiben die Jahrhunderte überdau-
ern. Erst durch die Bombardierung Berlins im letzten
Weltkrieg kamen die Mauerstücke durch Abrissarbeiten
der zerstörten Häuser in der Waisenstraße wieder zum
Vorschein. 1948 wurde dieses äußerst wertvolle Zeugnis
des mittelalterlichen Berlins unter Denkmalschutz ge-

Ca. 120 Meter sind von der Stadtmauer an der Littenstraße erhalten geblieben und in den 1980er Jahren restauriert worden

stellt und in den 1980er Jahren sorgsam restauriert.[54]

Mindestens seit dem 13. Jahrhundert waren Berlin und Cölln von Begrenzungen komplett umgeben, zunächst in Form eines Walls mit vorstehendem Graben. Um 1250 ersetzte man die Holzumfriedung durch eine Steinmauer. Bei dem hier beschriebenen Mauerstück markierte die Littenstraße dabei die Feldseite der Stadtbefestigung, die Waisenstraße die Innenseite der Mauer hin zur Siedlung.[55] Ende des 13. Jahrhunderts wurde die vorhandene Feldsteinmauer durch Ziegelwerk verstärkt und erhielt so eine Höhe von rund 6 Metern. Die Mauer diente der Sicherung vor Feinden. Zur besseren Verteidigung baute man Wehrgänge, Schießscharten, Türme und so genannte Wikhäuser in Stadtmauern ein – kleine Mauerhäuschen, die für mehr Stabilität sorgten und die Verteidiger schützten.

Mit der Zeit verfiel das Mauerwerk, so dass große Teile von ihr ab 1658 einem Umbau und der Errichtung von neuen, stärkeren Bastionen weichen mussten. Vor allem die alten Stadttore fielen dieser Modernisierung zum Opfer. Wäre die Stadtmauer in der Littenstraße nicht gleichzeitig Rückwand für viele Bürgerhäuser gewesen, wie es noch heute beim Restaurant ‚Zur Letzten Instanz' der Fall ist, wäre auch dieses historische Kleinod vermutlich einer Neubebauung zum Opfer gefallen.

Vertiefung: Zur Letzten Instanz

Läuft man von der Parochialstraße auf die Waisenstraße zu, lockt schon von weitem ein gemütliches Lokal, das fast etwas verloren den Bürogebäuden, jedoch romantisch der Parochialkirche auf der anderen Seite gegenübersteht. Es handelt sich um das Restaurant ‚Zur Letzten Instanz', das von sich selbst behauptet, das älteste Lokal Berlins zu sein. Gelegen in der Waisenstraße, trug die Straße weit über das Mittelalter hinaus den Namen ‚Bullenwinkel'. Ansässige Schlachter trieben ihr Vieh in diese Sackgasse, um es hier öffentlich zu schlachten und zu verkaufen. Bekannt wurde der Bullenwinkel durch den ‚Pinselheinrich' Heinrich Zille (1858-1929), der hier im 19. Jahrhundert eindrucksvolle Schwarz-Weiß-Zeichnungen machte. 1621 eröffnete ein ehemaliger Reitknecht des Kurfürsten eine Branntweinstube an der heutigen Stelle des Lokals – der Grundstein für eine lange Wirtstradition. Nach der Fertig-

Ein Blick auf die Speisekarte lohnt sich, es kann jedoch nicht schaden, des Berliner Dialekts mächtig zu sein

stellung des preußischen Glockenspiels im Turm der gegenüberliegenden Parochialkirche im Jahr 1719, benannte der Wirt die Gaststube in ‚Biedermeierstübchen am Glockenspiel‘ um. Seinen heutigen Namen ‚Zur Letzten Instanz‘ erhielt das Gebäude im Jahr 1924 in Anlehnung an das nah gelegene Gerichtsgebäude in der Littenstraße. Durch den Zweiten Weltkrieg in Mitleidenschaft gezogen, wurde die ‚Letzte Instanz‘ 1961 originalgetreu rekonstruiert und konnte danach ihre bis dato 340-jährige Schanktätigkeit fortsetzen.

Auf dem Weg

Entlang der Stadtmauer geht es wenige Schritte weiter auf der Littenstraße zur Klosterruine.

Gastrotipp: Restaurant ‚Zur Letzten Instanz‘

Waisenstraße 14-16, 10179 Berlin, Tel.: 030-242 55 28,
www.zurletzteninstanz.de

Station 6
Klosterstraße

Verkehrsanbindung: Haltestelle Klosterstraße, U-Bahn U2

Der Verlauf der Stadtmauer führt uns in Richtung eines bedeutenden mittelalterlichen Bauwerks: der Klosterkirche. Die alte Ruine des ehemaligen Franziskanerklosters grenzte direkt an die Stadtmauer an. Der typisch frühgotische Backsteinbau des beginnenden 14. Jahrhunderts ist hier noch gut nachzuvollziehen: Pfeiler, Kapitelsaal und Fensterrahmen sind zu erkennen. Beim Betreten der Ruine, in der heute in den Sommermonaten Theateraufführungen stattfinden, fällt vor allem das schöne Eingangsportal ins Auge.

Die Kirche war bis zur Reformation Bestandteil des so genannten Grauen Klosters, erbaut um 1300. Der Name ging wohl auf die grau-braune Tracht der Franziskanermönche zurück. Neben den Dominikanern (siehe

Die Franziskanerklosterkirche, Holzstich 1845

S. 44) waren die Franziskaner, um 1209 von Franz von Assisi in Mittelitalien gegründet, der zweite große Bettelorden des Mittelalters. Sie lebten in Armut und verdienten ihren Lebensunterhalt neben dem Erbetteln von Almosen von Berliner Bürgern vor allem durch die Seelsorge für die Stadtbevölkerung.

Im Zuge der Reformation wurde das Kloster 1539 säkularisiert bzw. aufgelöst, jedoch behielten die Franziskanermönche lebenslanges Wohnrecht. Der letzte von ihnen starb 1571. Nach der Schließung erlangten die ehemaligen Klostergebäude eine neue Bedeutung durch die Gründung des Gymnasiums zum Grauen Kloster, das seit 1574 in den Klostergebäuden nördlich der Kirche untergebracht war. Hier lernten unter anderem Karl Friedrich Schinkel (Architekt), Friedrich Ludwig Jahn (‚Turnvater') oder Otto von Bismarck (Reichskanzler). Nach der Zerstörung der Schulbauten im Zweiten Weltkrieg wurden die Überreste abgerissen. Über ihren Standort führt seitdem die Grunerstraße.

Nach Verlassen der Klosterruine führt eine Treppe auf den Bürgersteig der Klosterstraße. Doch das ist kein Hinweis darauf, dass das Kloster im Mittelalter etwa tief in den Erdboden hinein gebaut wurde. In der Tat lag die Kirche vor vielen Jahrhunderten ebenerdig, doch durch Bauschutt, der sich im Laufe der Jahrhunderte durch zahlreiche Neubebauungen ansammelte, stieg das Straßenniveau allmählich an. Von allen erhaltenen mittelalterlichen Bauwerken Berlins wird dieser Umstand nirgendwo so deutlich wie hier.[56]

Vertiefung: Das Hohe Haus

Im Hof Nr. 35 in der Klosterstraße stand einst nicht das höchste Haus Berlins, sondern hier lebten die ‚höchsten‘ Bewohner der Stadt bei ihren Berlinbesuchen: zuerst die brandenburgischen Markgrafen, später die Kurfürsten der Mark Brandenburg. Das Hohe Haus war Sitz der brandenburgischen Herren, bis die Cöllner Burg, aus der später das Schloss hervorgehen sollte, als neuer, repräsentativer und wesentlich größerer Sitz ab der Mitte des 15. Jahrhunderts unter Friedrich II. auf dem Schlossplatz in Cölln gebaut wurde (siehe S. 51)

Das Hohe Haus muss ein imposantes Gebäude gewesen sein, mit einer großen Halle und einem mächtigen Eingangsportal. Es erstreckte sich auf beiden Seiten der Klosterstraße, vom Grauen Kloster bis zur heutigen Rathausstraße. Offensichtlich bestand die Anlage aus mehreren Gebäuden mit Garten, denn man unterschied zwischen Altem Hof, Hohem Haus und Altem Haus.[57] Datiert werden kann das Hohe Haus auf das frühe 14. Jahrhundert. Es ist damit jünger als die meisten mittelalterlichen Gebäude auf dieser Tour durch Alt-Berlin. Das jüngere Errichtungsdatum lässt einen Vorgängerbau, der als markgräflicher Wohnsitz fungierte, vermuten. Wo dieser stand, ist nicht eindeutig rekonstruierbar, womöglich ist es sogar das Alte Haus in unmittelbarer Nachbarschaft des Hohen Hauses.[58]

Nach dem Bau der neuen Burg an der Spree verfiel das Hohe Haus. Im 17. Jahrhundert wurde es schließlich von einem Neubau verdrängt. In den 1930er Jahren entdeckte man beim Abriss dieses Nachfolgers Reste des Hohen Hauses wieder: Decken, Kreuzgewölbe und gotische Bögen traten so wieder zum Vorschein. Auch das imposante Hauptportal konnte gerettet werden und ist seitdem im Märkischen Museum zu besichtigen.

Auf dem Weg

Laufen Sie über die Kloster- oder Littenstraße ein kurzes Stück auf der Grunerstraße zum Alexanderplatz in Richtung S-Bahnbogen. Biegen Sie nach links in die Dirckenstraße ein. Auch hier gibt es keinen direkten Überweg, machen Sie einen kleinen Umweg über die Ampel am Alexa-Einkaufszentrum.

Info: Märkisches Museum

Das Märkische Museum ist das wichtigste Museum für die Geschichte und Kultur der Mark Brandenburg sowie Berlins bis zur Fürstenzeit.
Öffnungszeiten: Di, Do und So 10-18 Uhr, Mi 12-20 Uhr, Fr und Sa 14-22 Uhr
Am Köllnischen Park, 10179 Berlin, Tel. 030-30 86 62 15, www.stadtmuseum.de

Station 7
St.-Georgen-Hospital

Verkehrsanbindung: Haltestelle Alexanderplatz, U-Bahn U2, U5,
Haltestelle Alexanderplatz, Bus 100, 200, TXL

Wir sind am anderen Ende Berlins angekommen: Der
S-Bahnbogen am Alexanderplatz bildet ungefähr den
Abschluss, den die kleine Stadt im Mittelalter hatte. An
dieser Stelle verlief im späteren Mittelalter die Stadtmauer
– dahinter, im heutigen Trendviertel Prenzlauer Berg, war
Feld. Auf Ihrer bisherigen Tour haben Sie einen Großteil
des älteren mittelalterlichen Berlin schon durchschritten.
Nun stehen Sie mitten im jüngeren Marienviertel, denn
die Stadt wuchs rasch, eine Stadterweiterung wurde nötig.
Nach 1230 kam die Gegend um die Marienkirche zum
Nikolaiviertel hinzu.

Außerhalb der Stadtmauer befand sich das mittelalterliche St.-Georgen-Hospital, nordöstlich des später so ge-

In Berlin sah es nicht anders aus: Leprakranke mit Krücken und Klapper, um ihr Erscheinen in einem Leprosorium anzukündigen. Unbekannter Ort, Miniatur aus einer Handschrift des Vinzenz von Beauvais, 14. Jahrhundert

nannten Alexanderplatzes. Die Krankenstätte lag an den Straßen Richtung Bernau und Altlandsberg am Oderberger Tor, heute ungefähr an der Ecke Otto-Braun-Straße/Karl-Marx-Allee.

Im Gegensatz zum finanziell besser gestellten Heilig-Geist-Hospital, das innerhalb der Stadtmauer lag, erhielt das St.-Georgen-Hospital deutlich weniger Almosen von den Berliner Bürgern. Der Grund: Es galt als das Siechenhaus[59] Berlins (*domo infirmorum*). Hier nahm man dem Tod geweihte und Menschen mit vermeintlich ansteckenden Krankheiten auf, meist Leprakranke. Auf diese Funktion deutet ein Gildebrief der Bäcker aus dem Jahr 1288 hin: Das Hospital wird dort als *domo leprosorum*, Haus der Aussätzigen, bezeichnet.[60]

Der Begriff ,Aussätziger' ist durchaus wörtlich zu nehmen – Leprakranke wurden im Mittelalter aus der Stadt vertrieben und zur Pflege und zum Sterben in die Hospitäler geschickt. So wie das Georgen-Hospital, lagen Krankenhäuser dieser Art grundsätzlich außerhalb der Stadtmauer. Infizierte waren damit buchstäblich aus der Dorf- oder Stadtgemeinschaft und damit aus der mittelalterlichen Gesellschaft verbannt.

Im 19. Jahrhundert, die Stadt war längst über die Grenzen der mittelalterlichen Stadtmauern hinaus gewachsen, verlegte die Stadtregierung das Hospital in den Wedding, in die Reinickendorfer Straße.

Vertiefung: Aussatz – Lepra im Mittelalter

Seit der Antike gibt es die Lepra, eine durch Tröpfcheninfektion übertragene Krankheit. Im Frühmittelalter wurden Hospitäler für Leprakranke, so genannte Leprosorien, gegründet. Den Höhepunkt ihrer Ausbreitung in Europa fand Lepra vor allem im 12. und 13. Jahrhundert, ausgelöst wahrscheinlich durch die Kreuzzüge.

Betroffene haben zumeist rötliche Flecken auf der Haut und verlieren das Gefühl für Kälte, Schmerz oder Wärme. Sie können sich dadurch unbemerkt verletzen, Wunden entzünden sich, im Extremfall sterben Körperteile ab. Daher rührt die noch immer weit verbreitete Vorstellung, Leprakranken würden Arme und Beine ,abfallen‘.

Im Vergleich zu heute war das medizinische Wissen im Mittelalter gering: Die Krankheit galt als unheilbar. Um sich mit Lepra zu infizieren, musste man über längere Zeit mit einem Kranken in Kontakt sein. Die seuchenartige Ausbreitung der Lepra im Mittelalter lässt sich daher weniger mit der hohen

Ansteckungsgefahr, als mit mangelnder Hygiene, Unterernährung und einem schwachen Immunsystem der Menschen erklären.

Eine Krankheit wie Lepra wurde im Mittelalter oft als Strafe für eine sündhafte Lebensführung angesehen. Schon die berühmte Heilige Hildegard von Bingen[61] unterstellte den Erkrankten den übermäßigen Genuss von fettem Essen, Trinkgelagen oder erhöhte Sexualtätigkeit. Dadurch produziere der Körper schwarze Galle oder schwarzes, überflüssiges Blut.[62] Vermeintliche Heilmethoden für Lepra gab es viele, auf uns wirken sie heute eher abenteuerlich. Um die überschüssigen Säfte aus dem Körper heraus zu treiben, setzte man neben verschiedenen Pflanzen und Kräutern Schwitzkuren, Brechmittel oder den im Mittelalter allseits beliebten Aderlass ein. Aufgrund ihrer Fähigkeit zur Hauterneuerung verwendete man auch Schlangengift, das diese Fähigkeit auf den Menschen übertragen sollte. Bei der Bluttherapie sollte Menstrualblut das verdorbene Blut an sich ziehen.[63]

Die Angst, sich mit einer derartigen Krankheit anzustecken und als unrein zu gelten, war groß im Mittelalter. Gesunde mieden den Kontakt mit Infizierten, sie wurden sogar aus der Gemeinschaft verbannt, indem man sie in ein Krankenhaus wie das Georgen-Hospital außerhalb der Stadtmauer schickte. Der körperliche Kontakt zu gesunden Menschen war ihnen verboten. Für Anverwandte galt der Infizierte nach seiner Verlegung in ein außerstädtisches Hospital praktisch als tot. Mit der Vertreibung aus seinem Haus verlor er auch das Recht an seinem Besitz. Als ob der Kranke bereits gestorben wäre, teilten seine Erben seinen Besitz unter sich auf.

In den Hospitälern durften die Leprösen ihre früheren Berufe nicht mehr ausüben. An festgelegten Tagen durften sie an bestimmten Orten betteln – ihre einzige Einnahmequelle. Auf Märkten, in der Nähe von Kirchen oder Wirtsstuben waren sie nicht erwünscht – man vertrieb sie sofort. Erkennen konnte man Leprakranke an ihrer besonderen Kleidung und Schellen oder Klappern, mit denen sie gesunde Menschen rechtzeitig vor ihrem Erscheinen warnen sollten. Außerdem trugen sie einen langen Stock bei sich, um auf Dinge, die sie kaufen wollten, zeigen zu können anstatt sie anzufassen.

Heute gilt Lepra grundsätzlich als heilbar. In Ländern mit gut entwickeltem Gesundheitssystem ist die Krankheit so gut wie ausgerottet. Die meisten Leprakranken leben heute in Indien, Brasilien oder Afrika.

Auf dem Weg

Laufen Sie durch die S-Bahn-Bögen hindurch am Fernsehturm vorbei zur Marienkirche (Karl-Liebknecht-Straße).

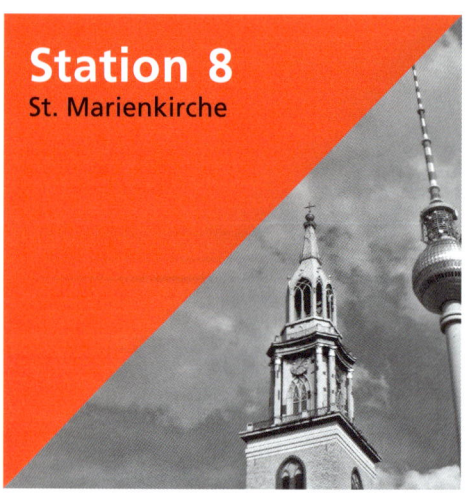

Station 8
St. Marienkirche

Verkehrsanbindung: Haltestelle S+U Alexanderplatz, S-Bahn S7, S75, S9, U-Bahn U2, U5, U8, Straßenbahn M2, M4, M5, M6, Bus 100, 200, 248, M48, TXL, Haltestelle Spandauer Str./Marienkirche, Straßenbahn M4, M5, M6, Bus 100, 200, 248, M48, TXL

Denkt man an den Alexanderplatz, sieht man unweigerlich Fernsehturm und Weltzeituhr vor dem geistigen Auge. Doch ist Ihnen schon mal die Kirche aufgefallen, die am Fuße des Fernsehturms steht? Sie ist eine der ältesten, noch genutzten mittelalterlichen Kirchen Berlins: die der Mutter Jesu Christi gewidmete St. Marienkirche. Während sie heute auf einer Freifläche steht, befand sich die Backstein-Kirche noch vor der großflächigen Zerstörung Berlins im Zweiten Weltkrieg inmitten einer dichten Häuserbebauung.

1292 tauchte die Marienkirche als Pfarrkirche neben dem Neuen Markt erstmals in den Quellen auf. Mit ihm bildete sie das Zentrum des nach 1230 neu entstandenen Marienviertels.[64] Wann man mit dem Kirchenbau, der im Mittelalter mehrere Jahrzehnte dauern konnte, begonnen wurde, lässt sich heute nicht mehr genau rekonstruieren – wahrscheinlich lag der Baubeginn um 1270.[65] Das Aussehen der Kirche veränderte sich durch Brände und spätere Bauarbeiten stark, jedoch sollen Teile der gegenwärtigen Kirche aus frühen Jahrhunderten stammen: Der Chor ist der älteste Bestandteil des Gotteshauses aus dem 13. Jahrhundert, das Langhaus stammt aus dem 14. Jahrhundert. Der Turm der Kirche kam im 15. Jahrhundert dazu. Die jetzige Spitze des Kirchturms wurde sogar erst lange nach dem Mittelalter, 1789, von Oberbaurat Langhans errichtet, der auch das Brandenburger Tor erschuf.[66] Gemessen an den reich ausgestatteten gotischen Kirchen anderer Städte wirkt die Marienkirche sehr schlicht.

Interessant ist neben dem Kirchbau vor allem ein mittelalterliches Steinkreuz, das seit 1726 vor der Marienkirche, links neben dem Turmaufgang steht. Es erinnert an die Ermordung des Probstes Nikolaus von Bernau, der im August 1325 am Neuen Markt von aufgebrachten Berlinern und Cöllnern erschlagen wurde. Dieser Bluttat gingen die Spannungen, ausgelöst durch die Wittelsbacher Herrschaft über die Mark Brandenburg nach dem Aussterben der Askanier voraus: Der damalige Kaiser des Heiligen Römischen Reiches Deutscher Nation, Ludwig der Bayer, bestimmte seinen Sohn Ludwig I. 1223 zum neuen Landesherrn der Mark Brandenburg. Gleichzeitig lag der deutsche Kaiser in heftigem Streit mit dem Papsttum.

Das Sühnekreuz erinnert an die Ermordung des Propstes von Bernau im Jahr 1325

Der Gebietszuwachs der Mark Brandenburg und die damit veränderten Machtverhältnisse mussten dem Papst ein Dorn im Auge gewesen sein, denn er drohte mit einem Kirchenbann für alle Bürger, die den neuen Landesherrn anerkannten. Er brachte sogar den Polenkönig dazu, 1325 in die Mark brandschatzend einzufallen. Der Hass der getroffenen Bürgerschaft richtete sich gegen den zufällig in Berlin weilenden Propst von Bernau, der dem Papst ergeben war. Er wurde erschlagen und verbrannt.

Berlin und Cölln belegte die Kirche nach der Tat mit einem päpstlichen Bann, der neben der moralischen Wirkung auch den Handel der beiden Städte für viele Jahre erheblich beeinflusste. Erst durch die für damalige Verhältnisse enorme Summe von 750 Mark brandenburgischen Silbers und weiterer Sühnetaten, unter anderem der Stiftung eines Altars und des Sühnekreuzes, konnten sich die Städte 1345 schließlich von dem Bann befreien.[67]

Vertiefung: Der Berliner Totentanz

Ein dunkles Kapitel des späten Mittelalters ist die Pest, eine große Pandemie, die durch ihre hohe Ansteckungsgefahr ganze Landstriche auslöschte und von der nur wenige verschont blieben. Verheerend zeigte sich der ‚Schwarze Tod' vor allem in großen Städten – bis zur Hälfte aller Einwohner konnten bei einer Pestwelle umkommen, die über viele Jahrhunderte hinweg regelmäßig wiederkehrte. Auch Berlin und Cölln wurden nicht verschont.

Die Pest hinterließ ihre Spuren nicht nur im täglichen Leben, sondern auch in der Kunst. Man fasste die Seuche als Strafe

Berliner Totentanz in der Marienkirche, fotografiert 1935

Gottes auf. Düstere Bilder malten die Künstler daher zu jener Zeit: ‚Totentänze' war dann auch der passende, schaurige Name dieser Fresken. So wie die Pest, waren auch sie über das gesamte Heilige Römische Reich verbreitet. Einen der größten, vollständigsten und bekanntesten ‚Totentänze' jener Zeit finden wir in der Marienkirche – in der für damalige Verhältnisse kleinen und eher unbedeutenden Stadt Berlin.

Das Freskogemälde entstand um 1484 und ist damit das älteste überlieferte künstlerische Werk aus Berlin – es liegt hinter Glasscheiben auf der linken Seite direkt hinter dem Haupteingang. Wer es gemalt hat, ist nicht bekannt; es könnte jedoch ein Mönch des nahe gelegenen Franziskanerklosters gewesen sein. Über 22 Meter lang und 2 Meter hoch ist das Wandbild, das Menschen aller Generationen und jeden Standes in einer Reihe mit mehreren Todesgestalten zeigt. Indem sich die Menschen mit dem Tod ‚zu einem Tanz einlassen', nimmt er sie mit sich in die Hölle. Jeden konnte es treffen, ein Entrinnen gab es nicht. Unter jeder Figur befinden sich Verse in niederdeutscher Sprache, man könnte sie daher als älteste Berliner Dichtung ansehen. Sie sollen auf die Moral der Menschen einwirken, und ein jeder Stand bekommt einen ,satirischen Seitenhieb' ab.[68]

Wahrscheinlich zur Reformationszeit wurde das bedeutende Wandgemälde mit Kalk übertüncht und erst 1861 zufällig wiederentdeckt. Seit 2000 können Besucher den Totentanz hinter der schützenden Glaswand besichtigen, er ist jedoch stark verblasst. Aktuell wird er, ebenso wie Turmhalle und Chor, restauratorisch untersucht, danach soll das Wandbild jeden Sonntag zur Orgelführung sowie donnerstags zur Orgelmusik den Besuchern zugänglich gemacht werden.

Auf dem Weg

Von der Karl-Liebknecht-Straße biegen Sie nach rechts in die Spandauer Straße ein.

Station 9
Kapelle
Heilig-Geist-Spital

Verkehrsanbindung: Haltestelle Spandauer Straße, Bus 100, 142, 143, 148, 200, 348, Straßenbahn 2, 3, 5, 6

Die letzte Station unserer Tour beginnt wie die erste – mit einem Hospital. Gleichzeitig ist unsere letzte Station das vielleicht schönste erhaltene Zeugnis mittelalterlicher Architektur in Berlin: Die Kapelle des Heilig-Geist-Spitals besticht durch ihren spätgotischen Giebel und dessen ornamentale Ausschmückung. Wie im Gertrauden- und Georgenhospital kümmerte man sich im Heilig-Geist-Spital um Arme, Kranke und Hilfebedürftige. Eine Urkunde aus dem Jahr 1313 berichtet von der Versorgung von 16 Männern und 17 Frauen im Spital.[69]

Das Spital lag an der Spandauer Straße, unweit der mittelalterlichen Stadtgrenze, am nicht mehr existierenden Spandauer Tor. 1272 wird die Einrichtung erstmals erwähnt, kurioserweise in einem Brief der Bäckergilde, die die „Armenhöfe Sankt Spiritus und Sankt Georg stets mit gutem Brote versorgen sollte".[70] In einem weiteren Gildebrief der Schneider von 1288 wurde festgelegt, dass jeder Beitrittswillige neben einer Geldzahlung auch zwei Pfund Wachs an den Rat der Stadt zu liefern habe, von dem ein halbes Pfund dem Heilig-Geist-Hospital zustehe.[71] Die zum Spital zugehörige rote Backsteinkapelle kam um 1300 zu der Gebäudeansammlung aus Krankenhaus, Wohnhäusern und großem Garten hinzu.

1825 riss die Stadt das Spitalsgebäude ab und ließ es durch einen zweigeschossigen Neubau ersetzen. Nur die Kapelle blieb erhalten. 1906 wurde sie in den Neubau einer Handelshochschule einbezogen und diente fortan als Hörsaal. Aus dieser Schule ging später die wirtschaftswissenschaftliche Fakultät der Humboldt-Universität hervor. Zu DDR-Zeiten nutzten Studenten das Gebäude als Mensa. Nach seiner umfassenden Sanierung 2005 dient es der Universität heute als Festsaal.

Info: Heilig-Geist-Kapelle

Die Heilig-Geist-Kapelle kann jeden Donnerstag zwischen 12 und 13 Uhr besichtigt werden.
Spandauer Straße 1, 10178 Berlin, Tel. 030-20 93 56 74

Die Heilig-Geist-Kapelle mit ihren noch original erhaltenen mittelalterlichen Mauern wurde 1906 in den Neubau der Handelshochschule (heute: Humboldt-Universität) einbezogen

Vertiefung:
Der Pilgerweg Berlin-Wilsnack

Sie glauben, Gläubige pilgerten im Mittelalter nur nach Santiago de Compostela oder, noch ausgefallener, ins Heilige Jerusalem? Nicht ganz. Pilgern konnte man im Mittelalter auch einfach nach Brandenburg. Von Berlin führte der Weg nach Wilsnack, einem kleinen Ort an der Prignitz im nordwestlichen Brandenburg. Warum ausgerechnet dort, fragen Sie sich? In diesem Dorf befindet sich die Wunderblutkirche St. Nikolai. Sie war vom Ende des 14. Jahrhunderts bis in das 16. Jahrhundert hinein eines der wichtigsten Pilgerziele in Nordeuropa. Das Heilig-Geist-Spital diente im Mittelalter als Pilgerstätte und war, neben der Marienkirche, ein Ausgangspunkt für den Pilgerweg von Berlin nach Wilsnack.

Im August 1383 brandschatzen Raubritter um Heinrich von Bühlow den Ort Wilsnack, auch die Kirche fiel dem Feuer zum Opfer. Der Pfarrer fand in der Ruine jedoch drei unversehrte, mit Blut befleckte Hostien – sagte man. Das ‚Heilige Blut' wurde als Hostienwunder gedeutet und fortan zogen tausende Pilger in den kleinen Ort in der Mark Brandenburg. Allein Friedrich II., Kurfürst der Mark Brandenburg, pilgerte sechs Mal nach Wilsnack. Das ‚Santiago Nordeuropas' wurde so für anderthalb Jahrhunderte zentraler Wallfahrtsort in Nordeuropa.

Durch das Pilgern erhofften sich die Gläubigen Heilung ihrer Krankheiten oder Straferlass für ihre Sünden. Mithilfe der Spenden der vielen Pilger konnte eine große Kirche gebaut werden, die Wallfahrtskirche St. Nikolai, die auch heute noch besichtigt werden kann. Mit der Reformation fanden die Wallfahrten jedoch ein jähes Ende. Der erste protestantische Pfarrer

Die Wunderblutkirche in Wilsnack war bis in das 16. Jahrhundert hinein das wichtigste Pilgerziel in Nordeuropa

der Kirche, Joachim Ellefeld, verbrannte die Wunderbluthostien – Wilsnack fiel zurück in die Bedeutungslosigkeit.

Mit der Renaissance des Pilgerns in den letzten Jahren, und spätestens mit dem Pilgerhype um Hape Kerkeling, erinnerten sich gewiefte Tourismusvermarkter an den Pilgerweg nach Wilsnack. Die 130 Kilometer lange Tour, von Berlin-Mitte über Hennigsdorf und Wusterhausen nach Wilsnack, ist auch heute noch besonders reizvoll: Sie verläuft überwiegend auf der Strecke, die auch die Menschen im Mittelalter schon gegangen sind.

Info: Wunderblutkirche

Täglich geöffnet, Große Straße, 19336 Bad Wilsnack, www.wege-nach-wilsnack.de, www.wunderblutkirche.de

Geschichtstour

3

Vom Gotischen Haus zur Zitadelle:
Das mittelalterliche Spandau

Eine Stadt in Brandenburg, wichtiger als Berlin? Kennen Sie
nicht? Fahren Sie mal nach Spandau und fragen Sie die dort
ansässigen Einwohner. Spandau ist doch ein Teil von Berlin,
möchten Sie einwerfen? „Spandau liegt nicht Berlin!", werden die Spandauer Sie belehren. Vielleicht werden Sie auch
nicht ohne Stolz verkünden, dass die Stadt zumindest bis ins
13. Jahrhundert hinein wichtiger als Berlin oder die Schwe-
sternsiedlung Cölln war: Die askanischen Markgrafen von
Brandenburg hatten hier zuerst einen ihrer Wohnsitze. Die
Siedlung ist außerdem älter als ihre beiden Nachbarn: 1197
wird die Burg Spandau in einem Schutzbrief des Markgrafen
Otto II. erstmals erwähnt – 40 Jahre früher als Cölln. Sogar
gut 200 Jahre früher, Ende des 9. Jahrhunderts, hatte sich ca.
1,5 Kilometer südlich der Altstadt am Spandauer Burgwall
aus einer unbefestigten slawischen Siedlung bereits eine Burg
entwickelt. Eine Siedlung mit Handwerkern und Kaufleuten
wuchs um die Burg heran, bis zu 1.500 Menschen lebten hier.[72]
Noch vor 1200 gaben die Bewohner diese Anlage jedoch zu
Gunsten der neuen Burg, auf dem Gebiet der Zitadelle, auf.

Die Bewohner Alt-Spandaus siedelte man, ob freiwillig oder gezwungenermaßen, in den heutigen Altstadtbereich um.[73] ‚Altstadt' heißt also nicht zwangsläufig, dass dieser Teil auch der älteste Teil der Stadt ist.

Auf dem Weg

Von der U-Bahnhaltestelle Rathaus Spandau oder der S-Bahnhaltestelle Spandau, an der auch Regionalzüge halten, laufen Sie vorbei am imposanten Rathaus in Richtung Altstadt. Folgen Sie der Beschilderung Richtung Gotisches Haus in die Breite Straße. Dabei durchqueren Sie einen Teil der großen Fußgängerzone, denn Spandaus Altstadt ist seit Jahren größtenteils autofrei. Kurz vor dem Gotischen Haus passieren Sie zur rechten Seite den Markt, wo der jährliche, sehr empfehlenswerte Weihnachtsmarkt bzw. der Spandauer Bauernmarkt im Frühjahr/Sommer stattfindet.

Station 1
Gotisches Haus,
Breite Straße 32

Verkehrsanbindung: Haltestelle Spandau, RB, S-Bahn S7, S75, Haltestelle Rathaus Spandau, U-Bahn U7

Ein Spaziergang durch die Spandauer Altstadt lohnt sich. Fast kleinstädtisch kommt dieser Bezirk der Hauptstadt daher. Im Gegensatz zum Großteil des Berliner Raums hat sich in der Spandauer Altstadt eine größere Zahl vorindustrieller Häuser erhalten. In den 1980er Jahren wurde hier stark saniert. Dabei entdeckte man unerwartet ein um 1500 entstandenes Bürgerhaus: das so genannte Gotische Haus in der Breiten Straße 32. Der spätgotische Ursprung ist heute auf den ersten Blick nicht mehr unbedingt erkennbar, denn das Gebäude ist in eine moderne Fassade eingebunden. Der unverputzte Teil des Hauses jedoch stammt aus dem späten 15. Jahrhundert. Ebenso sind historische Mauern im Keller freigelegt. Das Haus ist damit das älteste Zeugnis mittelalterlichen Wohnens in Spandau.

Erbaut wurde das Bürgerhaus in der zweiten Hälfte des 15. Jahrhunderts. Es war vermutlich im Besitz einer besser gestellten Kaufmannsfamilie, denn Ziegelbau war recht selten im Mittelalter – Gebäude waren meist aus Fachwerk oder schlichtem Holz erbaut. Das zum Gotischen Haus gehörige Grundstück reichte ursprünglich bis zur Havel, einer wichtigen Wasserstraße im Mittelalter. Im 16. Jahrhundert wurde es erweitert, weitere klassizistische Umbauten erfolgten im 18. Jahrhundert.

Das Gotische Haus beherbergt nicht nur die Touristeninformation Spandaus, sondern auch eine kleine Ausstellung im Obergeschoss zum Haus und zur Entwicklung und Modernisierung der Spandauer Altstadt bis ins 19. Jahrhundert. Die unverputzten Wände im Obergeschoss stammen, ebenso wie die Hausfassade, aus gotischer Zeit, während jüngere, nachträglich eingezogene Wände verputzt sind.

Das aus dem späten 15. Jahrhundert stammende Gotische Haus in Spandau ist in eine klassizistische Fassade eingebunden

Vertiefung: Das mittelalterliche Bürgerhaus im Berliner Raum

Wie lebten die Menschen des Mittelalters – in gewaltigen Burgen, Schlössern oder doch kleinen Hexenhäuschen mitten im Wald? Ein weiteres Klischee: Zumindest die Berliner und Spandauer dürften anfangs größtenteils in kleinen Holzhäusern gewohnt haben. Auch die schon lange hier siedelnden Slawen bauten aus Holz. Im 13. Jahrhundert setzte sich dann die aus fränkischen Landen stammende, sehr tragfähige Fachwerkbauweise auch in der Mark Brandenburg durch – bis ins 19. Jahrhundert hinein waren die meisten der städtischen Wohnhäuser aus Fachwerk, gefüllt mit Lehm und mit Stroh, Schilf oder Holzschindeln gedeckt. Das große Problem der Holz- und auch Fachwerkbauweise: Sie war sehr brandanfällig. Die Folge: Nahezu jede große Stadt wurde im Laufe der Jahrhunderte von Großbränden heimgesucht, die ganze Stadtteile vernichteten und die Menschen immer wieder zwangen, ihre Häuser von Grund auf neu zu errichten. 1376 zum Beispiel wurden Cölln und der ältere Teil Berlins durch ein Großfeuer zerstört, vier Jahre später brannte es in Berlin noch einmal. Fast die komplette Stadt musste neu errichtet werden, die Kosten für die Bürger waren immens.[74]

Das Gotische Haus hingegen ist aus Backstein gebaut – der Grund, warum es mehr als fünf Jahrhunderte überstand. Die Ziegelbauweise war vornehmlich finanziell besser gestellten Gruppen vorbehalten: Klerikern, dem Adel oder reichen Kaufleuten. Das Bauen mit Stein war teurer, aber auch wesentlich brandsicherer. Steinhäuser waren bis ins 14. Jahrhundert eine Seltenheit; oft wurden nur repräsentative Teile der Wohnanlage aus Stein gebaut, der Rest eben aus Holz oder

Das ‚Ordonnanzhaus' in der Altstadt von Brandenburg an der Havel ist das am besten erhaltene und am wenigsten veränderte Beispiel eines spätgotischen Bürgerhauses in der Mark Brandenburg. Es verfügt zudem über den einzigen erhaltenen Backsteingiebel der Mark
Altstädtischer Markt 11, 14770 Brandenburg an der Havel.

Imposantes Beispiel eines spätmittelalterlichen Bürgerhauses: Das Rathaus der Stadt Brandenburg ist heute in dem Ordonnanzhaus untergebracht

Fachwerk.[75] Der Vorgängerbau des Gotischen Hauses ist ein Beispiel dieser Steinhäuser mit Holzanbau: Hier befanden sich ein ofenbeheizter Raum und eine Küche.[76]

Im 15. Jahrhundert verbreitete sich die Ziegelbauweise auffallend. Reste von neun Steinhäusern konnten in Berlin/Cölln für diese Zeit nachgewiesen werden, in Spandau sind es vier.[77] Auch der nicht namentlich bekannten Spandauer Kaufmannsfamilie, der das Gotische Haus gehörte, reichte ihre Wohnstätte bald nicht mehr. Um 1500 errichteten sie das heute noch erhaltene, repräsentative Steinhaus, bestehend aus einem zweigeschossigen Kernbau mit insgesamt vier Zimmern, der sich durch einen Seitenflügel in den Hof fortsetzte. Um 1788 muss es einen Brand im Haus gegeben haben; das Gebäude wurde daraufhin mit klassizistischen Elementen wiederaufgebaut und seine Form dadurch nachhaltig verändert.

Auf dem Weg

Ignorieren Sie vorerst die direkt vor dem Gotischen Haus angebrachten Schilder in Richtung Zitadelle und Kolk, sondern gehen Sie direkt gegenüber dem Gotischen Haus durch die schmale Kirchgasse in Richtung Nikolaikirche.

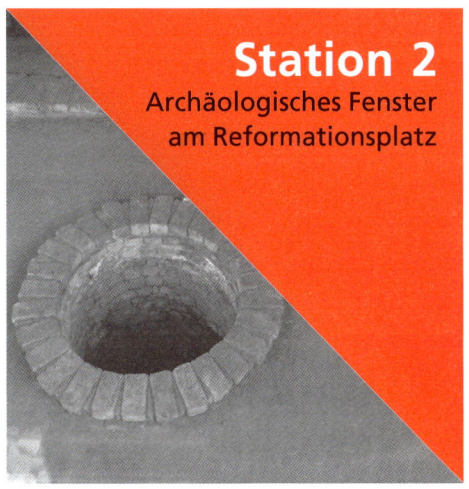

Station 2
Archäologisches Fenster
am Reformationsplatz

Verkehrsanbindung: Haltestelle Spandau, RB, S-Bahn S7, S75, Haltestelle
Rathaus Spandau, U-Bahn U7

Bevor Sie nach rechts zum Haupteingang der Nikolaikirche
gehen, schauen Sie an den Gebäuden am Reformationsplatz
3-4 einmal in zwei scheinbar leerstehende Schaufenster. Sie
stehen vor dem so genannten Archäologischen Fenster.
Wenn Sie nach unten sehen, finden Sie dort Fundamente,
auf die Archäologen 1981 bei Ausgrabungen stießen. Es sind
Überreste eines 30 Meter langen Gebäudes, das entlang der
Mönchstraße stand. Sie ahnen, worum es geht? Richtig,
ein Dominikanerkloster befand sich hier um 1240.

Ähnlich wie bei den Grabungen am Cöllner Petriplatz
stießen die Wissenschaftler auch hier auf mehrere hundert Gräber aus der Frühzeit der Stadt. Sie waren auf dem
Friedhof der Nikolaikirche begraben, einige von ihnen

Zeichnerische Rekonstruktion des um 1240 gegründeten
Dominikanerklosters aufgrund der Grabungsbefunde

konnten als Slawen identifiziert werden. Die ältesten Skelette stammen aus der zweiten Hälfte des 12. Jahrhunderts.
Schräg gegenüber dem Fenster, in der Carl-Schurz-Straße
49, wurden weitere Fundamente entdeckt – ein Patrizier-
haus aus dem 15. Jahrhundert.[78]

Vertiefung: Die Grabungen am Spandauer Burgwall

Nicht nur in der Spandauer Altstadt fanden Archäologen mittelalterliche Überreste. Circa 1,5 Kilometer südlich der Altstadt sollte ab 2005 eine Seniorenresidenz am Spandauer Burgwall entstehen. Seit Jahrzehnten wurden hier immer wieder kleinere Abschnitte ausgegraben, denn wie die Adresse bereits vermuten lässt, stand hier einst eine Burg – Slawen siedelten im Früh- und Hochmittelalter auf dem Gebiet. Der Bau des Altenheims gab den Archäologen die Möglichkeit, endlich großflächig auf dem Gelände zu graben.

Interview mit dem leitenden Archäologen am Spandauer Burgwall: Uwe Michas

Was kam bei den Grabungen auf dem Spandauer Burgwall zum Vorschein?

Die Überreste der slawischen Burg und ihrer verschiedenen Bauphasen hatte man bereits bei früheren Grabungen gefunden, außerdem konnte festgestellt werden, dass die Burg im Laufe der Zeit erheblich ausgebaut wurde – Reste einer ganzen Burgstadt kamen da ans Tageslicht. Daraufhin gruben wir 2005 südlich der Anlage und fanden große Vorburgsiedlungen, Suburbien werden sie in der Wissenschaft genannt. In zwei weiteren Abschnitten gruben wir in den nächsten Jahren zum Beispiel einen Tempel aus, der zur Siedlung gehörte und schließlich einen Teil des Walls der Burgstadt. Um die Burg hatte sich also schon früh eine Art Vorstadt angesiedelt. Meist lebten hier Handwerker, die auf der Burg arbeiteten. Wir konnten außerdem Hinweise auf weit reichende Handelsbeziehungen der Slawen, bis nach Russland, feststellen – Spandau war schon zu dieser Zeit ein wichtiger Verkehrknotenpunkt.

In welchem Zeitraum lebten die Slawen auf der Burg?
Wir konnten nachweisen, dass die erste Burg in der zweiten Hälfte des 9. Jahrhunderts angelegt worden ist. In der Fachliteratur wird die Entstehung meist früher angesetzt, schließlich wanderten die Slawen schon im 6. oder 7. Jahrhundert in das Gebiet der späteren Mark Brandenburg ein. Die Siedlung entstand um das Jahr 1000 und existierte bis ins 13. Jahrhundert. Durch die Grabungen konnte festgestellt werden, dass die Burg nach der deutschen Eroberung im 10. Jahrhundert während des Slawenaufstands von 983 vernichtet wurde. Anschließend nutzten die Slawen das Gelände weiter und bauten auf den Trümmern der slawischen Burg eine neue Anlage.

Unterschied sich die slawische und deutsche Bauweise?
Die neue slawische Burg unterschied sich nicht wesentlich von der alten und war ebenfalls aus Holz, Erde und Lehm gebaut. Im 11. Jahrhundert wurde dann an der Burg ein sehr breiter und hoher Wall errichtet, außerdem ein Damm vorgelagert. Neben Verteidigungszwecken war sicherlich auch ein Grund, dass das Wasser der Havel in dieser Zeit anstieg. Es gab eine lange Warmperiode zu dieser Zeit, bei der die Pegel der Gewässer stiegen. Erst im späten Mittelalter wurde diese Warmzeit allmählich von der so genannten Kleinen Eiszeit abgelöst – sie brachte den Menschen manchmal Schnee bis in den Juni.

Auch als die deutschen Eroberer während des 12. Jahrhunderts in das heutige Berliner Gebiet kamen, bauten sie ihre Burgen aus Holz und Erde. Viele stellen sich unter einer mittelalterlichen Burg einen riesigen Steinbau mit großen Türmen à la Prinz Eisenherz vor, doch so sahen die ersten Burgen definitiv nicht aus, das waren reine Holz-Erde-Konstruktionen. Erst nach und nach wurden wichtige Gebäude durch Steinbauten ersetzt.

Wurden außer den Fundamenten weitere Sachen entdeckt?
Natürlich haben wir Keramik und Kleinobjekte, auch viele Alltagsgegenstände ausgegraben. Jedoch haben Slawen viel aus Holz hergestellt – und das ist vergänglich. Unmengen von Wildknochen haben wir gefunden, das ist ein wichtiger Hinweis auf die Ernährungsgewohnheiten der Slawen. Fisch war ein weiterer grundlegender Bestandteil ihrer Ernährung – wir haben einen Angelhaken gefunden, mit dem man Haie aus dem Meer hätte ziehen können. Manche Fische, z.B. Welse aus der Oder, wurden bis zu zwei Meter lang, die gibt es in unseren verschmutzten Gewässern heute nicht mehr. Ihren Hausmüll warfen die Slawen übrigens einfach über den Burgwall, vor allem Knochenreste blieben in der Havel auf einer Sandbank liegen.

Haben Sie auf dem Burgwall auch menschliche Überreste, ähnlich wie am Petriplatz in Cölln, gefunden?
Einen Friedhof, bzw. ein slawisches Gräberfeld, gab es auf dem Burgwall nicht, das befand sich auf dem westlichen Festland. Wir haben nur ein Skelett eines Neugeborenen vergraben in einer Hausecke entdeckt. Es wurde dort nicht etwa entsorgt, sondern dies bedeutete nach slawischen Glauben,

dass der Geist des Kindes bei der Familie blieb, wenn man es im eigenen Wohnhaus bestattete.

Warum wurde die Burg im 13. Jahrhundert verlassen?
Sie wurde für eine neue Anlage auf dem Gebiet der Zitadelle aufgegeben (siehe S. 145). Eine neue Siedlung entstand auf dem Gebiet der heutigen Altstadt – hatte jedoch längst nicht die Ausmaße von heute. Erst im 16. Jahrhundert kamen dann wieder Menschen auf den Spandauer Burgwall.

Auf dem Weg

Wenden Sie sich nun vom Archäologischen Fenster direkt nach rechts zur Nikolaikirche und laufen Sie zum Haupteingang.

Zeichnerische Rekonstruktion der Burg Spandau in der 2. Hälfte des 10. Jahrhunderts

Station 3
Nikolaikirche

Verkehrsanbindung: Haltestelle Spandau, RB, S-Bahn S7, S75, Haltestelle Rathaus Spandau, U-Bahn U7

Eine zweite Nikolaikirche, neben der in Berlin, finden wir auf dem Reformationsplatz. Ihr Vorgängerbau wurde 1240 als *ecclesia forensis* (Marktkirche) erstmals urkundlich erwähnt. Mit dem Bau der heutigen Kirche wird in der ersten Hälfte des 14. Jahrhunderts begonnen: Um 1370 ist die gotische Halle fertig, 1398 wird das Taufbecken aus Bronze gestiftet.

Die Besonderheit dieser Kirche: Die Vorgeschichte der Reformation ist eng mit der Nikolaikirche verknüpft: In ihr bekannte sich der brandenburgische Kurfürst Joachim II. zum lutherischen Glauben. Sein Vater, Joachim I., war noch sehr kirchentreu und griff den Reformator Martin Luther auf dem Reichstag in Worms hart an. Seine Frau

Kapelle der Spandauer Nikolaikirche (Südseite)

Elisabeth trat während seiner Abwesenheit jedoch zum lutherischen Glauben über. Joachim I. wollte sie für diese Tat einsperren, doch Elisabeth floh bei Nacht und Nebel aus dem Schloss zu ihrem Onkel, dem Herzog von Sachsen.

Auf dem Sterbebett 1535 nahm Joachim seinen Söhnen das Versprechen ab, ihrem Glauben treu zu bleiben. Doch die Reformation ließ sich nicht aufhalten. Während Joachim II., der neue Kurfürst, zunächst sein Versprechen hielt, trat sein Bruder bereits drei Jahre nach dem Tod des Vaters zum neuen Glauben über. Der Adel und die Räte von Berlin und Cölln schlossen sich zunehmend an – Kurfürst Joachim II. fand sich bald isoliert. Am 1. November 1539 bekannte auch er sich schließlich zum evangelischen Glauben. Festgehalten wurde dies in der ‚Brandenburgischen Kirchenordnung'. Die Reformation verlief damit in Berlin und Brandenburg im Gegensatz zu anderen Gebieten unblutig und friedlich.

Vertiefung: Von Nonnen und Kriegen – Was nach der Reformation geschah

Ob die Entscheidung Joachims II. für den Protestantismus seinen Glauben tatsächlich widerspiegelte, ist nicht bekannt. Über einen eventuellen Schmerz bezüglich seines Glaubenswechsels dürften ihm jedoch die großen Vorteile hinweggeholfen haben, die sein Übertritt mit sich brachte: Als Landesherr wurde er nun auch oberster Kirchenherr, die Kirche war als politische Gegenmacht entkräftet.[79] Außerdem fielen Bistümer, Klöster und die zugehörigen Besitztümer bei der Säkularisation an den Kurfürsten. Dies geschah bei den

Die Statue Joachims II. vor der Nikolaikirche in Spandau

Dominikanern in Cölln (siehe Seite 44) ebenso, wie im Spandauer Benediktinerinnenkloster – die Namen Jungfernheide[80] und Nonnendammallee weisen auf die Existenz des Klosters hin. Die Nonnen hatten zahlreiche Dörfer und Wälder östlich von Spandau besessen, denn die Bewohnerinnen stammten gemäß der benediktinischen Tradition aus namhaften Familien des märkischen Adels – und bei Ordenseintritt übergaben sie ihren Besitz dem Kloster. Zusätzlich war der Frauenkonvent schon während des Baus von Stiftern reich ausgestattet worden: So gehörten um 1590 allein zehn Dörfer zum Besitz des Klosters, darunter Lankwitz, Gatow, Lietzow (heute Charlottenburg) oder Tegel.[81]

Diese Ländereien gingen nun ausnahmslos auf den reformierten Kurfürsten Joachim II. über. Damit war klar, in welche Richtung sich Berlin ausdehnen würde – westliche Bezirke wie Tiergarten, Charlottenburg oder Zehlendorf waren im Aufbau begriffen. Überhaupt baute Joachim II. seinen Besitz nun zu einer regelrechten ‚Residenzlandschaft' aus[82]: Spandau wurde ab 1560 zur italienisch angehauchten Festung. Die Trutzburg Friedrichs II., nicht einmal 100 Jahre alt, ließ Joachim zum Renaissanceschloss umbauen. Im Grunewald, dem Jagdgebiet des Landesherrn, entstand ein kleines Jagdschloss.

Natürlich kosteten solche Spielereien Unmengen, bald war Joachim II. überschuldet. Den Spaß an derbem Vergnügen ließ er sich trotzdem nicht nehmen: Am 8. August 1567 befahl er den so genannten Knüppelkrieg zwischen Berlinern und Spandauern. Zur Belustigung des Kurfürsten prügelten sich vor der Spandauer Zitadelle und auf der angrenzenden Havel drei Tage lang 800 Spandauer mit 1.500 Berlinern und Cöllnern. Obwohl die zahlenmäßig unterlegenen Spandauer als Verlierer vorgesehen waren, entwickelten sie ungeahnten Ehrgeiz – sie lockten ihre Gegner in einen Hinterhalt und gewannen den mit Latten und Knüppeln inszenierten Streit. Joachim II. war darüber so erbost, dass er den Spandauer Bürgermeister, Bartholomäus Bier, für mehrere Monate ins Gefängnis sperrte.[83]

Gastrotipp: Satt und Selig

Das ‚Satt und Selig', direkt gegenüber der Nikolaikirche, ist ein guter Zwischenstopp für den kleinen und großen Hunger.

Tägl. ab 9 Uhr, Carl-Schurz-Straße 47, 13597 Berlin, Tel. 030-36 75 38 77, www.sattundselig.de

Auf dem Weg

Gehen Sie von der Kirche nach rechts über die viel befahrene Straße Am Juliusturm und biegen Sie vor dem Restaurant Kolk nach rechts ein. Wenn Sie zuerst etwas entspannen möchten, gehen Sie geradeaus am Kolk vorbei und drehen eine kleine Runde im Park mit Blick auf die Schleuse, die den Höhenunterschied zwischen Oberhavel und Unterhavel überwindet.

Tour 3 – Nikolaikirche

Station 4
Kolk

Verkehrsanbindung: Haltestelle Spandau RB, S-Bahn S7, S75, Haltestelle Rathaus Spandau, U-Bahn U7

Hinter dem lustigen Begriff Kolk verbirgt sich der älteste Stadtteil Spandaus, auch unter dem Namen Behnitz bekannt. Das Gebiet war ursprünglich eine kleine, von der Altstadt Spandaus abgetrennte Insel und bildete bis ins 19. Jahrhundert hinein das eigenständige Dorf Behnz. Möllentordamm, Kolk, Hoher Steinweg und Behnitz heißen die kleinen Gassen in dem ehemaligen Fischerkiez. Erstaunlich alte Häuser kommen hier zum Vorschein. Sie stammen nicht aus dem Mittelalter, sondern sind niedrige Fachwerkhäuser aus dem 18. und 19. Jahrhundert. Auch wenn die Häuser neuzeitlich einzuordnen sind, vermitteln Bauweise und Anordnung doch anschaulich die Struktur mittelalterlicher, enger Gassen.

Reste der Stadtmauer am Hohen Steinweg stammen hingegen tatsächlich aus dem 14. Jahrhundert. Zu dieser Zeit wurde Spandau mit einer Stadtmauer umfriedet, in die der Kolk eingebunden war. Die Bauweise ist anschaulich: Bis zu einer Höhe von ca. einem Meter besteht die Mauer aus unbearbeitetem Feldsteinmaterial als Sockel, darüber folgen Ziegel in mittelalterlichem Klosterformat. Das Dach und der Turm hingegen wurden nachträglich angefügt und stammen erst aus dem Jahr 1920.[84]

Die Bewohner des Kolks, der sich an die Havel südlich der Schleuse anlehnt, lebten vom Fischfang und hatten nach einer von Joachim I. ausgestellten Urkunde das Recht, freien Fischfang auszuüben. Diese so genannte Fischereigerechtigkeit ist auch heute noch im Grundbuch für die jeweiligen Grundstücke verbrieft.

Gasse im Kolk, in der Mitte die ‚Alte Kolkschänke'

Vertiefung: Die Dörfer im Berliner Raum

Um dieselbe Zeit wie die Städte Berlin, Cölln oder Spandau entstand auch ein Großteil der Dörfer in und um Berlin, die inzwischen eingemeindet bzw. ein Stadtteil der Großstadt Berlin geworden sind. Urkunden oder andere Quellen zur Ausdehnung der Ansiedlungen existieren kaum. Bekannt ist, dass sich im brandenburgischen Raum die Askanier um neue Siedler bemühten, im Süden und Südwesten um Köpenick hingegen expandierten die Markgrafen von Meißen.[85]

Seit Ende des 12. Jahrhunderts wanderten vermehrt Bauern aus dem Rheinland, Franken oder Sachsen in die Mark Brandenburg ein. Die Gründe sind vielfältig: Ausbeutung durch den Feudalherren, Land-, Erbverlust oder Hungersnöte. Oft wurden Interessierten bessere Lebensbedingungen versprochen – zum Beispiel Abgaben- oder Dienstfreiheit an den Grundherrn, so genannte ‚Freijahre'.[86] Die Bauern waren Markgrafen, Adel oder Kirche unterstellt, rodeten und errichteten ihre Dörfer jedoch selbst. In diesem Prozess waren auch die slawischen Bauern integriert. Ein Dorfschulze wurde vom Markgrafen bestellt, der als Vorsteher fungierte und oft auch die Gerichtsbarkeit ausübte. Kenntnis über die meisten Orte auf Berliner Gebiet vermittelt das Landbuch Karls IV.[87] Hier werden erstmals Dörfer genannt, die möglicherweise schon hundert Jahre vorher existiert haben. Jedoch kann man nur vom Datum der Ersterwähnung auf die mögliche Gründungszeit schließen. So muss das Dorf Wedding (Weddige) um 1210 angelegt worden sein. Um 1250 war es jedoch schon wieder verlassen. Ausgrabungen zeigten, dass Zehlendorf bereits um 1200 oder schon davor bestand. Sowohl deutsche Bauern als auch Slawen waren hier ansässig. Darauf lassen verschiedene Keramikfunde schließen.

Einige deutsche Dörfer knüpften auch an (verlassene) spätsla-
wische Siedlungen an, etwa Biesdorf (Marzahn), Malchow oder
Buch.[88] Nachdem die Askanier um 1230 die Landschaften des
Barnim und Teltow vertraglich erworben hatten, begann auch
hier eine systematische Besiedlung – Wandlitz, Klosterfelde
oder Buchholz entstanden zu dieser Zeit. Ortsnamen wurden
entweder vom slawischen Namen der Dörfer oder von Fami-
liennamen abgeleitet. So könnten Mahlsdorf und Hellersdorf
vom Sproß einer Ministerialfamilie kommen: Helmwich von
Mahlsdorf.[89] Nicht weniger als 33 Dorfkirchen erinnern heute
noch an ihren Ursprung. Zum Teil sind sie in Neu- und An-
bauten verarbeitet, doch einige vermitteln noch einen mehr
oder weniger respektablen Eindruck einer mittelalterlichen
Dorfkirche, zum Beispiel in Dahlem oder Marienfelde.[90]

Die Dorfkirche in Lankwitz entstand im 13. Jahrhundert als schlichte
Feldsteinkirche

Auf dem Weg

An der kleinen Marienkirche (18. Jahrhundert) vorbei geht es die Treppe hinauf nach links in Richtung Zitadelle. Die verkehrsreiche Straße Am Juliusturm, auf der Sie sich nun bewegen, wurde 1912 gebaut. Vorher befand sich hier ein Wasserarm, der sogenannte ‚Deutsche Rhein', der für die Straße zugeschüttet wurde. Kolk und Spandau waren also ursprünglich voneinander getrennt.

Station 5
Zitadelle

Verkehrsanbindung: Haltestelle Zitadelle, U-Bahn U7

Fragt man Berliner nach mittelalterlichen Zeugnissen ihrer Stadt, würden sie wahrscheinlich als Erstes die Zitadelle in Spandau nennen. Doch genau genommen ist die Zitadelle kein Zeugnis mittelalterlicher Hofkultur, sondern in der darauf folgenden Zeit der Renaissance erbaut – sie gilt sogar als eine der bedeutendsten Renaissancefestungen Europas. Erbaut im Auftrag von Kurfürst Joachim II. im 16. Jahrhundert, wurde sie erst 1594 fertig gestellt. Vom Mittelalter kann hier also keine Rede mehr sein.

Der Kurfürst wählte den Ort seiner Festung nicht zufällig – mehrere Vorgängerbauten befanden sich an dieser Stelle: Aus der Zeit um 1050 stammen Reste einer slawischen Befestigungsanlage, sowie wahrscheinlich noch mindestens zwei Vorgänger der Burg aus Holz und Feldsteinen.[91]

Mittelalterliche Überreste auf der Zitadelle sind Palas und Juliusturm

Die Spandauer Burg diente den Markgrafen Brandenburgs zunächst als repräsentative Hofhaltungsstätte. Als Friedrich II. jedoch seinen Burgbau in Berlin/Cölln 1451 fertigstellte (siehe S. 51), verlor die Spandauer Burg als Aufenthaltsort der Kurfürsten zunehmend an Bedeutung. Sie diente fortan den verwitweten Kurfürstinnen als Wohnsitz.

Reste der mittelalterlichen Burg sind noch erhalten, zum einen in Form des 30 Meter hohen Juliusturms, dem repräsentativen und wehrhaften Hauptturm der Burg von 1250.[92] Zum anderen befindet sich der ‚Palas‘ unmittelbar hinter dem Tor – das frühere Wohnhaus der Markgrafen. Im ‚Foyer B‘ neben dem Juliusturm sind die Überreste der slawischen und deutschen Burg sowie einer Ringmauer zu besichtigen.

Das Ende der mittelalterlichen Spandauer Burg zeichnete sich ab, als Kurfürst Joachim II. eine neue, zeitgemäße Festung wünschte: Mit dem Bau begann man Anfang des 16. Jahrhunderts. Die Größe der Befestigungsanlage verdoppelte sich, die alte Burgmauer wurde beseitigt, innen liegende Gräben zugeschüttet. Vollständig zur Bastion wird die Festung Spandau im 17. Jahrhundert unter Kurfürst Friedrich III. Darüber berichtet die Ausstellung im Kommandantenhaus.

In den 1990er Jahren wurde die Zitadelle zum Kulturzentrum. Märkte, Konzerte, Theateraufführungen finden hier und auf der nahe gelegenen Freilichtbühne statt. Zahlreiche Künstler haben in den Bauten ihr Atelier.

Veranstaltungstipp: Zitadelle Spandau

Die Zitadelle ist von 10–17 Uhr durchgängig geöffnet. Eintritt inklusive Juliusturm, Museum, Ausstellungen: 4,50 Euro, ermäßigt 2,50 Euro. Am Juliusturm 64, 13599 Berlin. Überblick über Konzerte, Festivals, Events und Märkte auf der Zitadelle bietet die Website www.zitadelle-spandau.de, Tel. 030-354 944-0, E-Mail: info@zitadelle-spandau.de

Vertiefung: Der jüdische Friedhof

Grabungen auf dem Gebiet der Zitadelle in den 1970er und 1980er Jahren brachten ein völlig unerwartetes Ergebnis zutage: einen jüdischen Friedhof. Einige Jahre vorher waren bereits 19 Grabsteine in den Mauern des gotischen ‚Palas' gefunden worden: Sie waren in das Fundament eingemauert. Urkundlich erwähnt wird der Friedhof erst 1324, Datierung und Anzahl der Grabsteine zeigen jedoch, dass eine starke jüdische Gemeinde in Spandau schon vorher bestanden haben muss. Bereits zu Beginn der Siedlungsgeschichte des Berliner Raums müssen sie hier ansässig und in das wirtschaftliche und gesellschaftliche Leben der Stadt integriert gewesen sein. Aufwendige Steinmetzarbeiten an den Grabsteinen künden vom Reichtum einiger jüdischer Bewohner. Die Datierung der Gebäude und Grabsteine lassen Archäologen vermuten, dass der jüdische Friedhof in Spandau in Folge eines Pogroms zerstört wurde. Pogrome fanden vor allem in Folge der Pest in der Zeit um 1347 statt, Juden vertrieb man aus der Mark Brandenburg oder ermordete sie (siehe Station Jüdenstraße, S. 87). Auch Synagogen und Friedhöfe wurden daraufhin beseitigt, ihre Grabsteine als Baumaterial verwendet – so auch auf dem Gebiet der heutigen Zitadelle.

Diesen tragischen Umständen verdankt die Geschichtswissenschaft nicht nur den ältesten jüdischen, sondern auch den ältesten Berliner Grabstein – er überdauerte eingemauert im Verborgenen länger als die christlichen Gräber seiner Zeit. Nach der Entzifferung der Sterbedaten, die wie der Rest der Inschrift in hebräischer Sprache verfasst waren, musste der älteste Grabstein auf das Jahr 1244, der jüngste auf 1347 datiert werden.[93] Weiterhin zeigen die Steine neben dem Sterbedatum den Namen des Verstorbenen, den Namen des Vaters und manchmal auch den Rang innerhalb der jüdischen Gemeinschaft. Die Untersuchungen zeigten: Auch die Berliner Juden bestatteten ihre Toten in Spandau.[94]

Im Laufe der Zeit entdeckten Archäologen insgesamt etwa 70 Grabsteine auf dem Burggelände. In der Bastion ‚Königin‘ auf der Zitadelle befindet sich eine kleine Ausstellung zu den Grabsteinen, sie ist jedoch nur nach vorheriger Anmeldung oder im Rahmen von Führungen zu besichtigen (siehe Infokasten: Zitadelle Spandau).

Extratipp: Fledermausführungen

Eine ungewöhnliche Attraktion Spandaus sind die Fledermausführungen (nach Anmeldung) in der Zitadelle. 10.000 heimische Exemplare nutzen die Burg als Winterquartier. Einmal im Jahr findet das Fledermausfest auf dem Gelände der Zitadelle statt. Der Feldermauskeller mit Schaugehege ist täglich von 12-17 Uhr geöffnet.
Zitadelle, Haus 4, www.bat-ev.de, Tel. 030-36 75 00 61.

Gastrotipp: Die Zitadellenschänke

Mittelalterlich angehaucht ist die Zitadellenschänke, mit Gewölbekeller und Kaminzimmer. Hier gibt es Brunch, Rittermenüs und Monatshighlights wie Liebesmahl oder Klosterküche.
Tägl. von 12-24 Uhr, Tel. 030-334 21 06,
Zitadelle, Am Juliusturm 64, 13599 Berlin
www.zitadellenschaenke.de

Auf dem Weg

An dieser Stelle ist die Tour beendet. Sie können nun, nach Verlassen der Zitadelle, nach links auf der Straße Am Juliusturm zur U-Bahnhaltestelle Zitadelle (U7) gehen oder Sie schlendern zurück in Richtung Altstadt.

Orte außerhalb der Touren

Köpenick

Verkehrsanbindung: Haltestelle Köpenick, S-Bahn S 3, Haltestelle Schloss Köpenick, Tram 27 ,60, 61, 62, 67, 68, Bus 164, 167

In einem Buch über das mittelalterliche Berlin darf Köpenick natürlich nicht fehlen – es ist der vierte mittelalterliche Stadtkern der Hauptstadt. Köpenick erlangte im Verlauf des Mittelalters nie die Bedeutung der anderen, in diesem Buch vorgestellten Siedlungen, auch eine Stadtmauer gab es hier nicht.[95]

Dennoch ist Köpenick für seine Schlossinsel bekannt – der aktuelle Nachfolger einer frühen slawischen Burg. Wie schon in der Einleitung erwähnt, siedelten auf dieser Flussinsel zwischen Dahme und Spree die Sprewaner, im 12. Jahrhundert residierte hier Jaxa von Köpenick (siehe S. 16). Archäologen fanden jedoch nicht nur slawischen Spuren, sondern sogar bronzezeitliche Überreste in diesem Areal.[96]

Von der Schlossinsel läuft man am besten zu den Straßen Alt-Köpenick und Grünstraße – den Hauptstraßen des mittelalterlichen Köpenick und Fundort zahlreicher Fundamentreste, Werkzeuge und anderer Alltagsgegenstände. Diese Zeugnisse kann man am Alten Markt 2, im Heimatmuseum Köpenick besichtigen, einem hübschen Fachwerkbau. Eine Ausstellung informiert über Vor- und Frühgeschichte, Ausgrabungen und die Entwicklung des heute östlich gelegenen Stadtteils.

Sie sollten Ihren Rundgang nicht beenden, ohne einen Blick in den Kietz südöstlich der Altstadt geworfen zu haben. Die restaurierten Häuser sind die Mühe wert und vermitteln einen kleinen Eindruck dieser ehemaligen Dienstsiedlung, die einst zur Burg Köpenick gehörte.

Zeichnerische Rekonstruktion der Burg und Vorsiedlung Köpenick zwischen Dahme und Spree

Info: Heimatmuseum Köpenick

Alter Markt 1, 12555 Berlin, Tel. 030-90297 3351
Öffnungszeiten: Di/Mi 10-16 Uhr, Do 10-18 Uhr,
Sonntag 14-18 Uhr, www.heimatmuseum-treptow.de

Das Museumsdorf Düppel

Verkehrsanbindung: Haltestelle Mexikoplatz, S-Bahn S1, Bus 118, 629, Haltestelle Clauerstraße, Bus 118, 629

Haben Sie nach all den Touren noch mehr Lust bekommen, das Mittelalter zu erleben? In Berlin bekommen Sie alles geboten, auch das Mittelalter (fast) live, zumindest im Sommer: im Museumsdorf Düppel in Berlin-Zehlendorf.

Um 1170 wurde die Gegend um das Landschaftsschutzgebiet ‚Krummes Fenn‘ erstmals von deutschen Bauern besiedelt. Wahrscheinlich bestand hier vorher schon ein slawisches Dorf. Nach und nach vermischten sich Deutsche und Slawen und lebten in der ersten Hälfte des 13. Jahrhunderts friedlich auf dem Gebiet des heutigen Museumsdorfes zusammen. Darauf deuten archäologische Funde wie zum Beispiel verschiedene Gefäßscherben und Brunnenüberreste hin. Und noch mehr konnte herausgefunden werden: 16 Höfe und etwa acht Hektar zählte die Siedlung um 1230, die hufeisenförmig um den großen Dorfplatz angelegt waren – auf ihm weidete das Vieh der Bauern. Später verließen die Bewohner das Dorf, es wurde ‚wüst‘.

Diese Wüstung konnte gut 750 Jahre später freigelegt werden. Seit 1975 grub und baute man hier nach, so dass mit der Zeit ein gesamtes mittelalterliches Dorf rekonstruiert werden konnte. Ehrenamtliche Mitarbeiter bauten kleine Bauernhäuser, ein Backhaus, Schmiede, Brunnen und Palisaden. Getreide und Gemüse werden in Gärten und mithilfe der Dreifelderwirtschaft traditionell angebaut. Auch die Tierhaltung im Dorf ist außergewöhnlich, denn heute beliebte Arten werden rückgezüchtet: das Düppeler Weideschwein ebenso wie die Skudden, ei-

Ein typisches Bauernhaus im Museumsdorf Düppel

ne vom Aussterben bedrohte Schafrasse, wurden mehrfach prämiert.

Besucher können von Ostern bis Oktober den ‚Bewoh-
nern‘ über die Schulter schauen: alte Handwerkstechni-
ken, Textilherstellung, Töpfern oder das Schneiderhand-
werk werden demonstriert. An Sonn- und Feiertagen gibt
es immer um 11 Uhr eine Führung durch das Dorf.

Info: Museumsdorf Düppel

Öffnungszeiten: Ostern bis Oktober, Do 15-19 Uhr, sonn-
und feiertags 10-17 Uhr, Clauertstraße 11, 14163 Berlin,
Tel. 030-0 26 67 1, www.dueppel.de

Infoteil

Berlin kartographisch

Berlin wächst – immer noch. Eindrucksvoll lässt sich die Entwicklung von der kleinen Siedlung zur Großstadt auf Übersichtskarten mitverfolgen. Fünf ausgewählte Exemplare aus dem 13. bis zum 19. Jahrhundert zeigen auf den folgenden Seiten anschaulich die Entwicklung der Stadt.

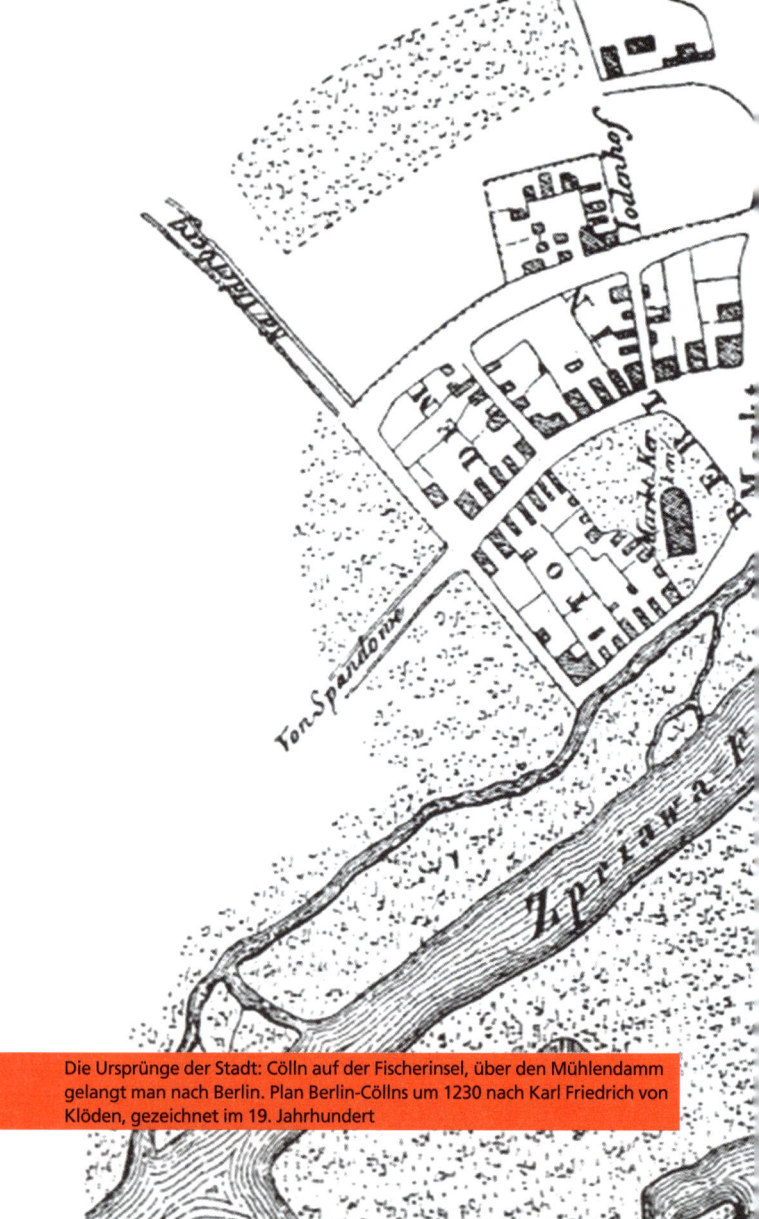

Die Ursprünge der Stadt: Cölln auf der Fischerinsel, über den Mühlendamm gelangt man nach Berlin. Plan Berlin-Cöllns um 1230 nach Karl Friedrich von Klöden, gezeichnet im 19. Jahrhundert

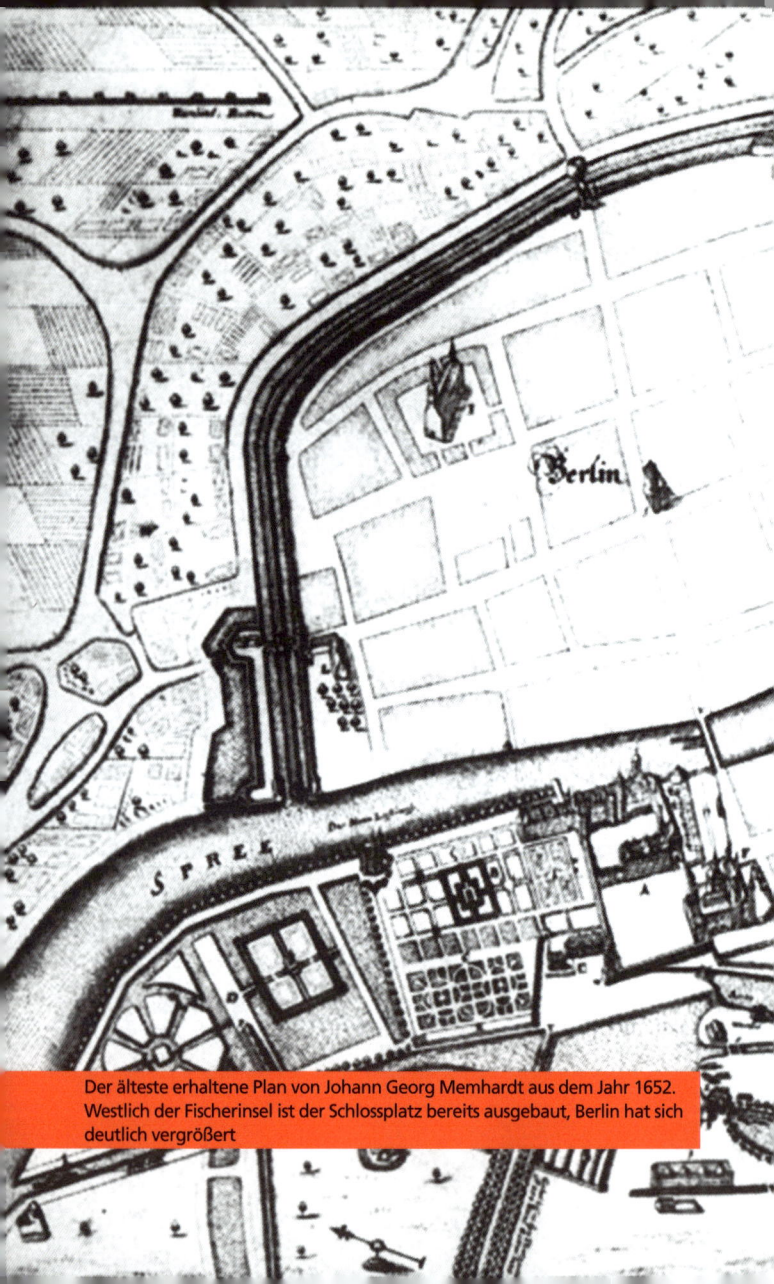

Der älteste erhaltene Plan von Johann Georg Memhardt aus dem Jahr 1652. Westlich der Fischerinsel ist der Schlossplatz bereits ausgebaut, Berlin hat sich deutlich vergrößert

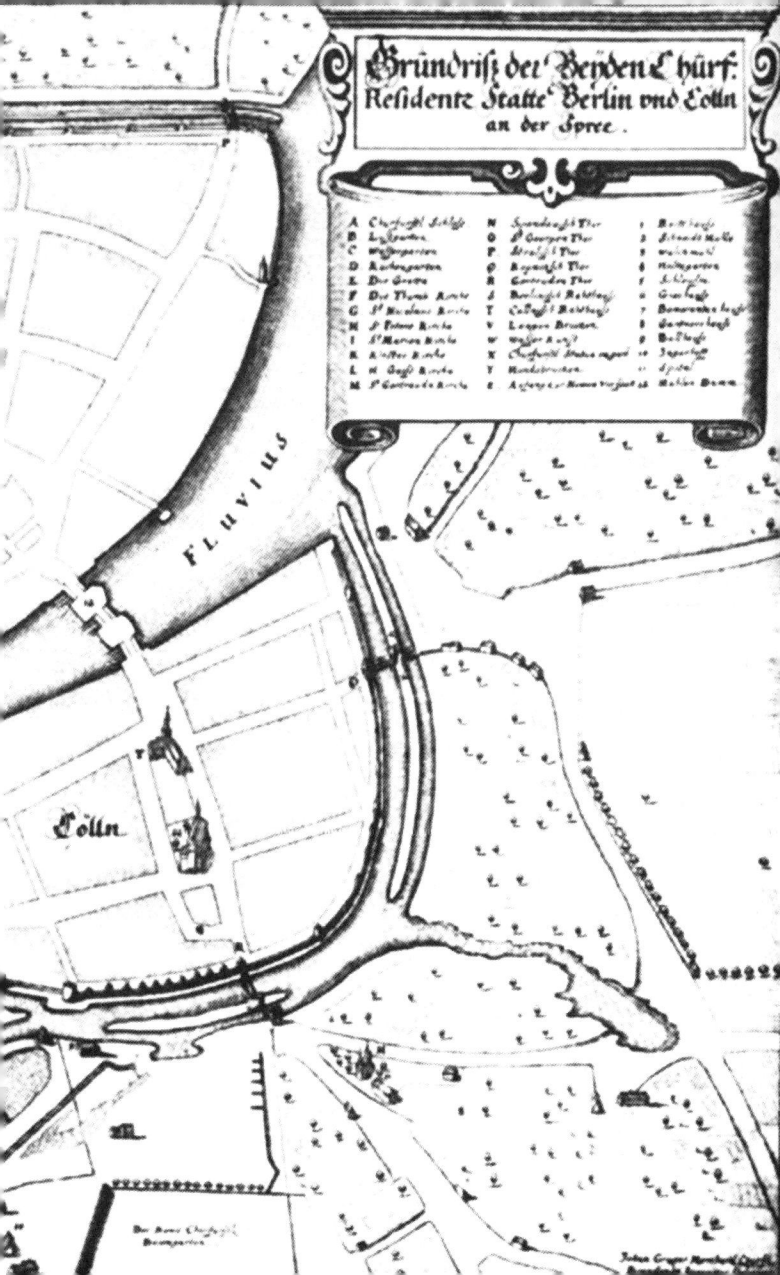

Grundriß der Beyden Churf:
Residentz Statte Berlin und Cölln
an der Spree.

A	Churfürstl: Schloß	N	Spandauisch Thor	1	Rathhauß
B	Lustgarten	O	St: Georgen Thor	2	Schmidt Brüke
C	Weßgarten	P	Strahls Thor	3	Weinmarkt
D	Rohrgarten	Q	Ryenisch Thor	4	Holzgarten
E	Der Garten	R	Cöpenicker Thor	5	Schleuße
F	Der Thum Kirche	S	Berlinisch Rathhauß	6	Gießhauß
G	St: Nicolai Kirche	T	Cöllnisch Rathhauß	7	Bawerholtz lag:
H	St: Peters Kirche	V	Langen Brücken	8	Garthen lag:
I	St: Marien Kirche	W	Wasser Kunst	9	Bollwerk
K	Kloster Kirche	X	Churfürstl: Stahl impes:	10	Zeughauß
L	H: Geist Kirche	Y	Hundebrücke	11	Spital
M	St: Gertrauds Kirche	Z	Apffel	12	Mühlen Damm

FLUVIUS

Cölln

Der Herr Churfürstl:
Baumgarten

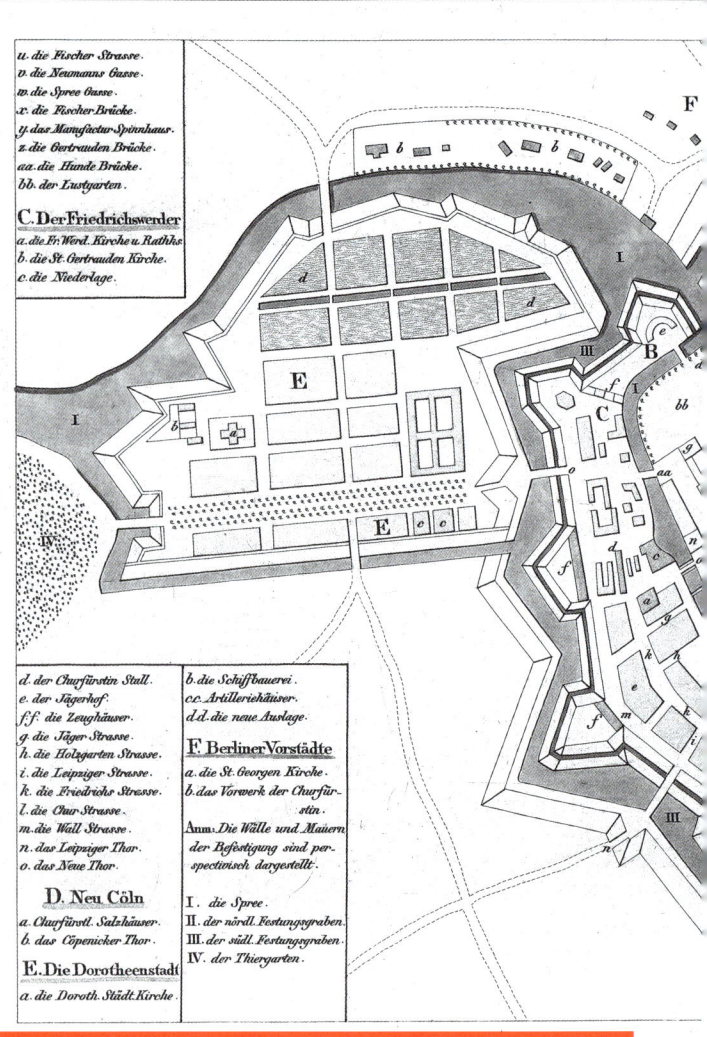

Die Stadt Berlin mit ausgebauten Festungsmauern. 1688, gezeichnet von J.M.F. Schmidt im Jahr 1835

IEDRICH WILHELMS *des Großen im Jahre 1688.*

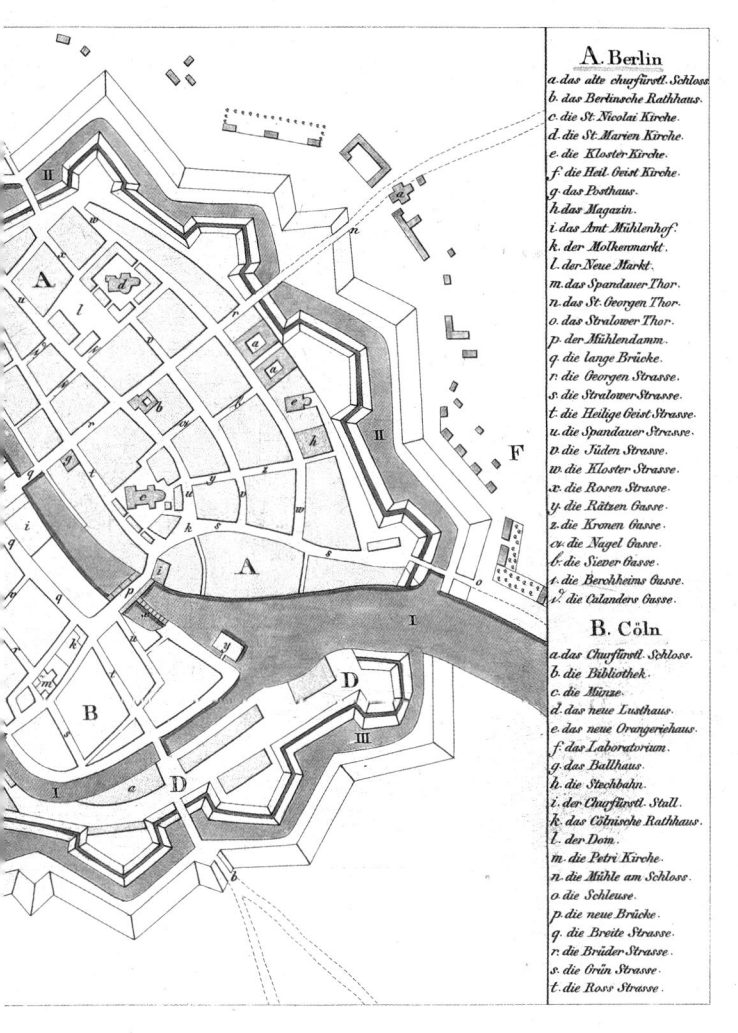

A. Berlin

a. das alte churfürstl. Schloss.
b. das Berlinsche Rathhaus.
c. die St. Nicolai Kirche.
d. die St. Marien Kirche.
e. die Kloster Kirche.
f. die Heil. Geist Kirche.
g. das Posthaus.
h. das Magazin.
i. das Amt Mühlenhof.
k. der Molkenmarkt.
l. der Neue Markt.
m. das Spandauer Thor.
n. das St. Georgen Thor.
o. das Stralower Thor.
p. der Mühlendamm.
q. die lange Brücke.
r. die Georgen Strasse.
s. die Stralower Strasse.
t. die Heilige Geist Strasse.
u. die Spandauer Strasse.
v. die Jüden Strasse.
w. die Kloster Strasse.
x. die Rosen Strasse.
y. die Rätzen Gasse.
z. die Kronen Gasse.
cv. die Nagel Gasse.
б. die Siever Gasse.
ɩ. die Berchheims Gasse.
ϥ. die Calanders Gasse.

B. Cöln

a. das Churfürstl. Schloss.
b. die Bibliothek.
c. die Münze.
d. das neue Lusthaus.
e. das neue Orangeriehaus.
f. das Laboratorium.
g. das Ballhaus.
h. die Stechbahn.
i. der Churfürstl. Stall.
k. das Cöllnische Rathhaus.
l. der Dom.
m. die Petri Kirche.
n. die Mühle am Schloss.
o. die Schleuse.
p. die neue Brücke.
q. die Breite Strasse.
r. die Brüder Strasse.
s. die Grün Strasse.
t. die Ross Strasse.

F. W. Kliewer sculps.

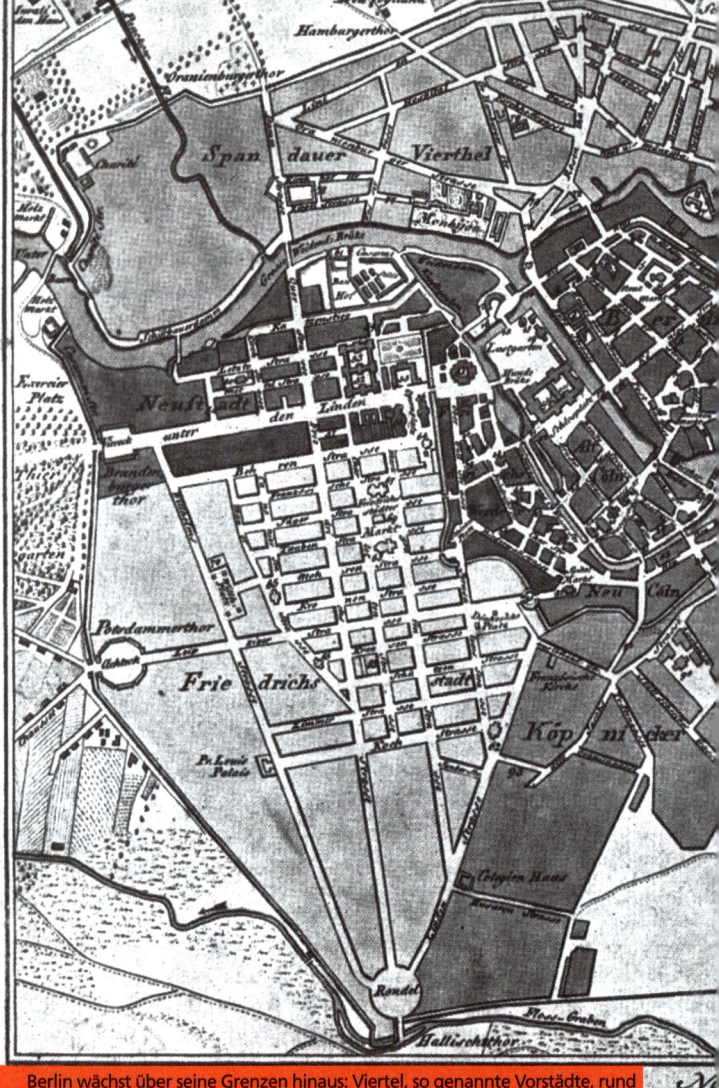

Berlin wächst über seine Grenzen hinaus: Viertel, so genannte Vorstädte, rund um den ummauerten Stadtkern entstehen, gezeichnet von Karl Ludwig von Oelsfeld, 1789

Grundriss
der Königl. Residenzstädte
BERLIN
Im Jahr 1789. von neuen angefertigt
durch
Carl Ludwig von Oesfeld

Stahlstich: Der Kern Berlins ist auf diesem Plan bereits nicht mehr genau auszumachen. Trotzdem liegen Orte wie Lichtenberg oder Wilmersdorf 1860 noch deutlich im Umland von Berlin

MGEGEND.

Pankow

Meinersdorf

Weissensee

Hecht Pf.
Kreuz Pf.

Lg.

Orrankes

Wein B.

Col. Hohen
Schönhausen

Gasth. z. d.
drei Linden

Friedrichshain

D. Plan

Lichtenberg

Gasth. u.
Goldbrauch
Kirchh.

Wein
od.
Blume

Frankfurt Friedrichsbg
Wallerch
Knochen
Col.

Fischer
Buschagen

Wasserwerk

Ruschengur

Rummelsburg

Spree

Stralow

Hasenheide

z. gut. Hoffnung
gahrt

Treptow

Rixdorf

Böhmisch

Deutsch

elhof

Zeittafel
Berlin im Mittelalter

750	Um diese Zeit gründen die Heveller am Zusammenfluss von Spree und Havel den Vorläufer der Siedlung Spandau.
9. Jh.	An der Mündung von Dahme und Spree entsteht die Siedlung Köpenick.
1150	Albrecht der Bär erobert die Brandenburg (Brennaburg), wird jedoch von Jaxa von Köpenick vertrieben.
1157	Albrecht der Bär kann die Brandenburg einnehmen, nennt sich von nun an Markgraf von Brandenburg.
12. Jh.	Ende des 12. Jahrhunderts gründen Kaufleute an beiden Spreeseiten erste Handelsstützpunkte, aus denen bald Berlin und Cölln entstehen werden.

1230	Der Ausbau von Berlin und Cölln zu städtischen Siedlungen erfolgt.
1232	Spandau erhält das Stadtrecht.
1237	In einer Urkunde wird erstmals der Name Cölln erwähnt.
1244	Berlin wird erstmals namentlich erwähnt.
1250	Etwa um diese Zeit verleihen die Askanier beiden Städten das Stadtrecht.
13. Jh.	In der zweiten Hälfte des 13. Jahrhunderts wird Berlin erweitert. Die Neustadt um die St. Marienkirche (Alexanderplatz) entsteht.
1295	Erstmals werden Juden in Berlin erwähnt.
1307	Berlin und Cölln vereinigen sich zur Doppelstadt.
1324	Die Ermordung des Propstes von Bernau führt zum langjährigen Kirchenbann und zur Zahlung von Bußgeldern.
1348	Die Pest erreicht den Berliner Raum.
1443	Grundsteinlegung des Berliner Schlosses.
1448	Berliner Unwille: Die Erhebung der Berliner gegen den Schlossbau des Kurfürsten endet mit dem Verlust der städtischen Autonomie.

Zeittafel

1486   Die Hohenzollern haben ihre ständige Residenz im
            Berliner Schloss – Berlin entwickelt sich zur Hauptstadt
            des Landes.

1539   Kurfürst Joachim II. tritt zum protestantischen Glauben
            über. Das Land Brandenburg wird damit evangelisch.

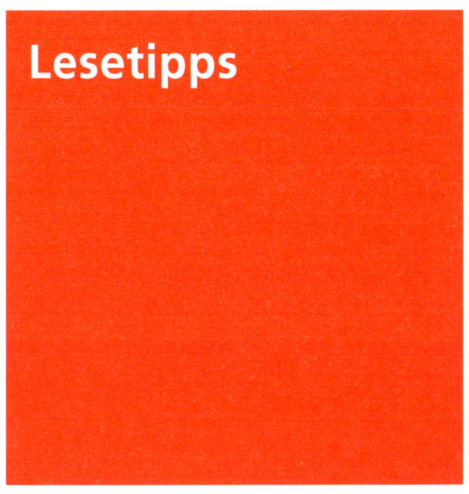

Lesetipps

Borst, Arno, Barbaren, Ketzer und Artisten. Welten des Mittelalters, München u.a. 1990.

Cobbers, Arnt, Berlin. Die Geschichte, Berlin 2007.

LeGoff, Jacques, Der Mensch des Mittelalters, Frankfurt/Main 1997.

Haspel, Jörg/Menghin, Wilfried (Hg.), Spurensuche Berlin. Ein archäologischer Stadtführer, Hamburg 2003.

Melisch, Claudia M./Wesner, Marina, St. Petri-Kirche. Ein Rundgang durch das historische Cölln in Berlin, Berlin 2008.

Museum für Vor- und Frühgeschichte (Hg.), Bürger, Bauer, Edelmann, Berlin 1987.

Von Müller, Adriaan, Edelmann … Bürger, Bauer, Bettelmann, Berlin 1981.

Anmerkungen

1   Trithemius, Johannes, Abt des Klosters Sponheim bei Kreuznach, in einem Brief aus Berlin, 1505. In: Cobbers, Arnt, Berlin. Die Geschichte, Berlin 2007, S. 50.

2   Zit. n.: Linsmeier, Klaus-Dieter, 1000 Jahre Selbstfindung, in: Epoc, 5/2008 (2008), S. 38.

3   Zum Naturverständnis in der Romantik, siehe: Urmersbach, Viktoria, Im Wald, da sind die Räuber, Berlin 2009.

4   Cobbers, Berlin, S. 15.

5   Vgl. Müller, Adriaan von, Edelmann …, Bürger, Bauer, Bettelmann, Berlin 1981, S. 145.

6   http://www.mscberlin.de/leipziger50/de/media/Berlin-Spittelmarkt.pdf, 4. Dezember 2009.

7   Beeskow, Hans-Joachim, Brot für die Hospitäler. Pflegestätten im Mittelalter, http://www.luise-berlin.de/bms/bmstxt97/9709gesa.htm, 6. Dezember 2009.

8   Beeskow, Brot.

9   Von Müller, Edelmann, S. 208f.

10 Zit. n.: Von Müller, Edelmann, S. 214-216.

11 Zit. n.: Melisch, Claudia M./Wesner, Marina, St. Petri-Kirche. Ein Rundgang durch das historische Cölln in Berlin, Berlin 2008, S. 51.

12 Vgl. Müller, Adriaan von, Archäologische Spaziergänge, Berlin 1995, S. 23.

13 Vgl. Melisch/Wesner, St. Petrikirche, S. 53. Von Müller, Edelmann, S. 128.

14 Melisch/Wiesner, St. Petrikirche, S. 58ff.

15 Ebd. S. 76f.

16 Landesdenkmalamt Berlin (Hg.), Die Ausgrabungen auf dem Petriplatz 1967, http://www.stadtentwicklung.berlin.de/aktuell/kalender/downloads/347_bauzaun_petriplatz_2008.pdf, 15.01.2010.

17 Zum Beispiel in: Die Zeit, Geburt einer Metropole, 31.01.2008, http://www.zeit.de/2008/06/A-Berlin, 27.01.2010; Berliner Zeitung, Ein alter Baum und mehr als 700 Skelette, 07.02.2010, http://www.berlinonline.de/berliner-zeitung/archiv/.bin/dump.fcgi/2008/0207/berlin/0035/index.html, 27.01.2010.

18 Senatsverwaltung für Stadtentwicklung (Hg.), Der Petriplatz heute, http://www.stadtentwicklung.berlin.de/aktuell/kalender/downloads/347_bauzaun_petriplatz_2008.pdf, 15.01.2010.

19 Dies., http://www.stadtentwicklung.berlin.de/aktuell/kalender/downloads/695_alt_coelln_flyer_rundgang.pdf, 15.01.2010.

20 http://www.berlin.de/orte/sehenswuerdigkeiten/nicolaihaus/, 19.12.2009.

21 Vgl. Melisch/Wesner, St. Petri-Kirche, S. 100.

22 Von Müller, Edelmann, S. 129.

23 Ebd., S. 156f.

24 Lucke-Huss, Karin/Homburg, Elke, Schellkurs Klöster, Köln 2007, S. 50f

25 Von Müller, Edelmann, S. 152f.

26 Zum Palast der Republik siehe zum Beispiel: Schug, Alexander (Hg.), 5 Plätze – 1 Name. Der Berliner Alexanderplatz, Berlin 2009.

27 Vgl. Seyer, Heinz, Berlin im Mittelalter. Die Entstehung der mittelalterlichen Stadt, Berlin (DDR) 1987, S. 116.

28 „Heiliges Römisches Reich" war die offizielle Bezeichnung für den Herrschaftsbereich der römisch-deutschen Kaiser vom Mittelalter bis 1806. Deutsche Gebiete bezeichnet man als „Heiliges Römisches Reich Deutscher Nation".

29 Vgl. Museum für Vor- und Frühgeschichte (Hg.), Bürger, Bauer, Edelmann, Berlin 1987, S. 98.

30 Ebd.

31 Vgl. ebd., S. 97.

32 Zum Alexanderplatz siehe zum Beispiel: Schug, 5 Plätze – 1 Name.

33 Luise Berlin, Mulkenmarkt, http://www.luise-berlin.de/strassen/bez01h/
    m717.htm, 24.11.2009.

34 Vgl. Von Müller, Spaziergänge, S. 33.

35 Seyer, Berlin, S. 117.

36 Ebd.

37 Ebd., S.98.

38 Ebd.

39 Vgl. Melisch/Wesner, St. Petri-Kirche, S. 54.

40 Der Heilige Nikolaus gilt außerdem als Schutzbefohlener der Seefah-
    rer, so dass Nikolaikirchen bevorzugt in ehemaligen Hansestädten zu
    finden sind. Auch Berlin war bis zur Entwicklung zur Residenzstadt im
    Jahr 1487 an die Hanse angeschlossen.

41 Vgl. Von Müller, Edelmann, S. 121-24.

42 Adolf Hitler plante während seiner Amtszeit, die Reichshauptstadt Ber-
    lin wesentlich zu verändern und in die ‚Welthauptstadt Germania‘ als
    Mittelpunkt seines Weltreiches umzubenennen. Monumentalbauten
    sollten der Stadt einen gewissen Repräsentationscharakter verleihen.
    Teile seines Plans, etwa der Standort der Siegessäule auf dem Großen
    Stern, sind auch heute noch nachvollziehbar. Weiterführend siehe zum
    Beispiel: Donath, Matthias, Architektur in Berlin 1933-45. Ein Stadtfüh-
    rer, Berlin 2004.

43 In den 1950er Jahren realisierte man in der DDR, angelehnt an die so-
    wjetische Monumentalarchitektur, auf der Stalinallee (heute: Karl-Marx-
    Allee) in Berlin-Friedrichshain Wohnblöcke im Stil des Sozialistischen
    Klassizismus. Im Volksmund wird das Aussehen dieser prachtvollen ‚Ar-
    beiterpaläste‘ auch Zuckerbäcker-Stil genannt. Weiterführend zum Bei-
    spiel: Krüger, Thomas Michael, Architekturführer Karl-Marx-Allee Ber-
    lin, Berlin 2008.

44 Vgl. Cobbers, Berlin, S. 233. Museum für Vor- und Frühgeschichte, Bür-
    ger, S. 70f.

45 Vgl. Seyer, Berlin, S. 62.

46 Ebd., S. 61.

47 Karl der Große (747-814) aus dem Geschlecht der Karolinger war ab 768
    Fränkischer Kaiser, ab 800 Römischer Kaiser. Das Frankenreich fand un-
    ter ihm seine größte Ausdehnung. Er gilt als einer der bedeutendsten
    Herrscher des Mittelalters.

48 Vgl. Museum für Vor- und Frühgeschichte, Bürger, S. 113.

49 Gewaltsame Massenausschreitung gegen religiöse, ethnische oder nationale Minderheiten. Oft verbunden mit Raub, Misshandlungen und Mord.

50 Eine Monstranz (lat. monstrare: zeigen) ist ein kostbares ‚Zeigegerät', geschmückt mit Gold und Edelsteinen, in dem die Hostie in einer Glaskapsel zur Schau gestellt wird.

51 Matzekuchen: Ein Kuchen aus Matzemehl, einem Mehl aus getrockneten, ungesäuerten und zerkleinerten Brotfladen (Matzen).

52 Vgl. Cobbers, Berlin, S. 20.

53 Ebd.

54 Von Müller, Edelmann, S. 119.

55 Vgl. Seyer, Berlin, S. 118f.

56 Ebd., S. 120.

57 Vgl. Von Müller, Edelmann, S. 147.

58 Vgl. ebd.

59 Bis ins 18. Jahrhundert wurden ‚Dahinsiechende', also Menschen mit irreversiblem Krankheitsverlauf, in Siechenhäusern untergebracht. Als Siechende wurden auch Aussätzige bezeichnet, bei denen man eine ansteckende Krankheit fürchtete.

60 Vgl. Von Müller, Edelmann, S. 144.

61 Hildegard von Bingen (um 1098-1179) war Äbtissin eines Benediktinerklosters. Von ihr ist ein umfangreicher Briefwechsel erhalten geblieben, sie schrieb aber auch medizinische Abhandlungen, die nicht erhalten sind.

62 Hildegard von Bingen: Heilkunde, http://www.muenster.org/lepramuseum/06_s11.pdf, 13. November 2009.

63 Krankheits- und Therapiekonzepte der mittelalterlichen Lepra, in: Die Klapper, 14 (2006). http://www.lepramuseum.de/06_s11.pdf, 3. Dezember 2009.

64 Seyer, Berlin, S. 70.

65 Ebd.

66 Vgl. Von Müller, Edelmann, S. 126.

67 Vgl. Museum für Vor- und Frühgeschichte, Bürger, S. 159.

68 Seyer, Berlin, S. 121.

69 Vgl. Von Müller, Edelmann, S. 140.

70 Vgl. Seyer, Berlin, S. 122f.

71 Vgl. Von Müller, Edelmann, S. 139.

72 Ders., Spandau. Fürstenburg, Fernhandelsplatz und frühe Stadt, Berlin 1997, S. 37.

73 Vgl. Von Müller, Edelmann, S. 57ff.

74 Melisch/Wesner, St. Petrikirche, S. 16.

75 Seyer, Berlin, S. 121.

76 Ebd., S. 124.

77 Ebd., S. 122.

78 Vgl. Haspel, Jörg/Menghin, Wilfried (Hrsg.), Spurensuche Berlin. Ein archäologischer Stadtführer, Hamburg 2003., S. 61.

79 Vgl Cobbers, Berlin, S. 55f.

80 Zur Jungfernheide, dem Ursprung und der heutigen Ringbahnstation siehe: Léo Favier et al., Ring frei. Erkundungstour Ringbahn Berlin, Berlin 2009.

81 Vgl. Von Müller, Spaziergänge, S. 60.

82 Vgl. Winteroll, Michael, Die Geschichte Berlins, 3. Auflage, Berlin 2007.

83 Vgl. Winteroll, Geschichte, S. 19.

84 Von Müller, Edelmann, S. 83.

85 Seyer, Berlin, S. 94f.

86 Ebd., S. 93.

87 Ebd., S. 95.

88 Ebd., S. 96.

89 Ebd., S. 98.

90 Museum für Vor- und Frühgeschichte, Berlin, S. 257.

91 Von Müller, Edelmann, S. 92.

92 Ebd., S. 91.

93 Museum für Vor- und Frühgeschichte, Berlin, S. 181.

94 Ebd., S. 285.

95 Vgl. Haspel/Menghin, Spurensuche, S. 65.

96 Ebd., S. 66.

Abbildungs-verzeichnis

Andrea Weese: S. 63, U2, U3
Bundesarchiv: S. 71, 74, 88
Bildarchiv Preußischer Kulturbesitz: S. 12, 27, 57, 67, 91, 112
Claudia Melisch: S. 39
Dieter Todtenhaupt/Museumsdorf Düppel: S. 155
Landesarchiv Berlin: S. 8/9, 20, 23, 36, 46, 80, 99
Pressestelle Brandenburg an der Havel: S. 125
Stiftung Stadtmuseum Berlin (Reproduktion: Michael Setzpfandt, Berlin):
S. 62, 153
Vergangenheitsverlag: Titel, S. 17, 21, 29, 33, 34, 44, 51, 56, 64, 69, 79, 87,
93, 94, 96, 98, 103, 108, 110, 114, 122, 123, 127, 134, 135, 137, 140, 141,
145, 146,
Wikipedia: S. 10, 15, 24, 31, 48, 49, 52, 53, 55, 59, 65, 83, 84, 85, 104, 116,
118, 120/21, 143, 158/59, 160/61, 162/63, 164/65, 166/67
Zeichnung von M. Ley: S. 128, 133

Stichwortregister